KB214946

하늘에서처럼 땅에서도 (상)

개인과 소그룹을 위한 마태복음 성경 공부 교재

하늘에서처럼 땅에서도 (상)

2021년 09월 09일 초판 1쇄

지은이   강대훈
펴낸이   김명일
교정자   하늘샘 박이삭 황환승
디자인   정보람 beentm.boram@gmail.com

펴낸곳   깃드는 숲
주 소   부산시 북구 낙동대로 1762번길 60 1204호
이메일   hoop1225@gmail.com

ISBN   979-11-970918-3-4 (03230)

개인과 소그룹을 위한 마태복음 성경 공부 교재

하늘에서처럼 땅에서도 상

강대훈

깃드는숲

차례

강대훈

경북대학교와 총신대 신학대학원(M.Div)에서 공부하고
미국 고든-콘웰 신학대학원(Th.M)과
영국 브리스톨 대학교(트리니티 칼리지, Ph.D)에서 신약학을 연구했다.
개신대학원대학교에서 교수로 사역하고 있다.
<마태복음 주석 상/하>부흥과개혁사를 저술했고
<성경신학>, <NICNT 누가복음>부흥과개혁사 등 10여 권을 번역했다.

————

신약 성경의 첫 번째 책인 마태복음에는 "임마누엘", "하늘", "교회"가 핵심 용어와 개념으로 등장한다. "우리와 함께 하시는 하나님"이신 예수님은 길을 헤매는 양떼를 회복하기 원하시는 "하늘 아버지"의 뜻에 순종해, "하늘"에서 땅으로 내려와 목숨을 드리셨다. 그의 희생과 부활로 "교회"가 탄생했다. 마태는 "교회"를 위해 임마누엘의 복음을 기록하면서 이 복음서를 듣고 읽는 사람들이 소금과 빛으로 세상을 변혁하는 소망을 품었다. 나는 마태의 기대에 참여하는 마음으로 이 책을 준비했다. 10년 가까이 대학선교단체에서 일대일이나 소그룹으로 성경을 배우고 가르쳤다. 돌아보면 교회에서는 성경 공부보다 설교가 내 사역의 더 많은 비중을 차지했다. 말씀과 삶을 함께 나누는 성경 공부가 더 활발해지길 소망하며, 설교자보다는 능동적으로 성경 공부에 참여하는 독자를 고려해 책을 구성했다. 우리의 유일한 교사이신 예수 그리스도의 음성이 마태복음을 배우고 나누는 현장에 생생하게 들리길 소망한다.

강대훈

하늘에서처럼
땅에서도

　복음서는 그리스-로마 문화권에서 저술된 '전기' 혹은 '생애'로 알려진 문학 장르에 가깝습니다. 고대 그리스-로마의 전기는 모범으로 삼아야 할 대상으로 주인공을 묘사했습니다. 인물을 중심으로 전기를 저술한 작가는 자신의 작품이 역사를 정확히 기술한 작품으로 부각하려고 노력했습니다. 더불어 전기 작가는 단순히 자료를 수집해서 증언하는 사람이 아니라 자신의 생각을 넣어서 기술한 해석자였습니다. 마태는 예수 그리스도라는 인물에 초점을 맞추어 복음서를 서술했습니다. 예수님이 신앙의 대상입니다. 그런데 서신과 달리 전기는 청중과 독자를 정해서 쓴 작품이 아니었습니다. 마태는 유대 언어에 익숙했던 일차 독자들을 생각했지만, 동시에 특정 공동체가 아니라 오고 오는 모든 세대를 독자로 생각했습니다. 자신이 쓴 복음서를 통해 예수 그리스도를 만나 하나님의 자녀가 되고 하나님의 뜻에 순종하기를 원했습니다. 마태복음은 기승전결이 있는 이야기이므로 처음부터 끝까지 흐름을 따라 듣고 읽도록 의도된 복음서입니다.

마태복음은 다섯 개의 강화(긴 가르침)가 건축물의 기둥과 같은 역할을 합니다(5-7, 10, 13, 18, 24-25장). 다섯 개의 긴 강화는 모세의 다섯 책(모세오경)을 떠오르게 해줍니다. 마태는 예수님의 탄생 이야기(1-2장)와 수난과 부활(26-28장)을 각각 서론과 결론으로 설정하고 그 사이에 이야기(사건들의 묶음)와 강화를 쌍으로 배열합니다(3-7장, 8-10장, 11-13장, 14-18장, 19-25장).

마태복음의 핵심적인 특징은 다음과 같습니다. 첫째, 마태는 하나님의 아들을 통한 하늘 나라 복음의 성취를 강조합니다. 마태는 "하늘 나라"를 32회, "하나님 나라"를 4회(12:28; 19:24; 21:31, 43), "아버지의 나라"를 5회(6:10, 33; 13:43; 25:34; 26:29), 인자의 나라는 2회(13:41; 16:28), 예수의 나라를 1회(20:21) 사용합니다. 하늘 나라는 다니엘 2, 7장에 나오는 나라를 배경으로 합니다.

둘째, 마태복음은 임마누엘의 복음으로 불립니다. 임마누엘은 마태복음의 시작과 마지막(1:23; 28:20) 뿐만 아니라 이야기가 전개되는 과정에서 핵심 주제로 흐르고 있습니다(예, 9:15; 17:17; 18:20). 특히 이 주제는 제자들이 어려움에 처한 장면에 나오며(8:23-27; 14:13-21, 22-33; 15:29-39; 17:1-8; 26:26-29), 특별히 수난 이야기에 집중적으로 등장합니다(참조. 26:11, 18, 20, 23, 29, 36, 38, 40, 51, 69, 71). 구약에서 하나님이 자기 백성과 함께 하시는 분이므로 하나님의 백성은 두려워하지 말아야 했던 것처럼(신 31:23; 사 41:10; 43:5), 초림과 재림 사이에 살고 있는 교회는 현존하시는 임마누엘을 믿어야 합니다.

셋째, 마태복음은 하나님을 칭할 때 "아버지"와 "하늘(의) 아버지"를 자주 사용합니다. "아버지"와 "하늘(의) 아버지"는 제자들에게 사용되는 가족 언어입니다. 마태복음은 하나님과 예수님과 제자들의 관계에서 "하나님"보다는 "아버지"를 사용합니다. 특히 하늘 아버지의 칭호는 하나님의 보호와 공급을 강조하는 산상설교에 집중적으로 사용됩니다.

넷째, 마태는 예수님의 정체를 여러 기독론적인 용어로 묘사합니다. 다른 복음서와 마찬가지로 다윗의 아들, 하나님의 아들, 인자, 하나님의 종 등으로 소개합니다. "다윗의 아들"은 낮은 자들을 향한 예수님의 긍휼을 묘사할 때 사용됩니다(9:27; 12:23; 20:30-31; 21:14-17). 유대 지도자들은 가장 유대적인 칭호인 다윗의 아들을 고백하지 못하지만, 오히려 유대교의 밑바닥과 주변부와 바깥에서 지내는 작은 자들이 이 칭호로 예수님을 고백합니다. 또 예수님은 권위 있는 교사입니다("아멘"은 마태복음 31회, 마가복음 13회, 누가복음 6회 사용). 예수님은 하나님의 뜻을 들려주시는 교사인 동시에 자신의 생애를 통해 가르치는 교사입니다.

다섯째, 마태복음은 "교회"(에클레시아)라는 용어를 사용하고, 교회의 특징을 강조합니다. 하나님의 뜻을 해석하는 권위는 유대교의 성경 선생들이 아니라 베드로에게 주어졌고(16:18-19) 교회로 확장됩니다(18:18-19). 교회는 음부의 세력에 잡혀 먹힐 것처럼 작고 약해 보일지라도 하늘에 속했고 하늘 나라로 사람들을 인도하는 권세를 부여 받았습니다. 교회는 재림 때까지 참 신자들(=의인들)과 가짜 신자들(=악인들)이 혼재하는 공동체이며(13:47-50, 18:15-20, 23-35, 22:11-14, 25:31-46), 최후 심판의 날에 참 신자들이 누구인지 알게 될 것입니다. 또 교회의 본질은 거룩입니다. 하나님의 백성은 "열매"를 맺는 거룩한 백성이어야 합니다. 이 관점에서 이스라엘과 교회는 연속성을 지닙니다. 하지만 교회는 예수님이 가르치고 해석하신 법에 순종한다는 점에서 둘 사이의 불연속성이 나타납니다.

여섯째, 마태복음은 제자들에게 요구되는 삶의 태도를 설명합니다. 마태복음에 나오는 다섯 강화는 제자들 혹은 교회를 위한 교육 안내서와 같고, 산상설교는 제자들이 따라야 할 윤리를 제시합니다. 제자들은 산상설교의 가르침을 실천함으로 자신들에게 요구되는 열매를 맺습니다. 무리와 달리 제자들은 근본적으로 예수님에 대한 믿음(신뢰심)을 가지고 있지만, 예수님은 그들이 한 걸음 더 나아가 하늘 아버지의 돌보심과 예수님의 능력을 신뢰하는 사람들이 되길 원하십니다(예. 8:26; 14:31; 16:8).

일곱째, 마태복음은 예수님의 기적을 체계적으로 배열합니다. 8-9장에는 열 개의 기적이 조직적으로 나타나는데, 여기서 기적의 핵심적인 내용은 치유와 축귀입니다. 마태는 수미상관(처음과 마지막이

동일한 형태 : 4:23과 9:35)의 기법을 사용해 하늘 나라의 복음이 메시아의 가르침(산상설교)과 치유(기적 내러티브)로 전파된 것을 보여줍니다. 11:2-6에서 마태는 예수님의 치유 행위를 희년의 실현(레 25장; 사 61장)으로 해석합니다. 제자들이 예수님을 "하나님의 아들"(14:33)로 처음으로 고백한 순간도 기적의 장면입니다(14:22-33). 제자들의 신앙은 바다에서 기적을 행하신 예수님을 경험하면서 더 깊어집니다(8:27→14:33).

여덟째, 마태복음은 은혜로 하늘 나라에 들어가서 행위의 열매로 신분을 확증한다는 사실을 보여줍니다. 예를 들어, 제자들은 이 땅의 소금과 빛이고(5:13-14) 좋은 열매를 맺을 수 있는 좋은 나무입니다(7:17-18). 긍휼이라는 열매를 맺지 못하는 자는 긍휼의 열매를 맺을 힘이 없는 나무임을 드러낼 뿐입니다.

아홉째, 마태복음은 종말론과 우주론을 중요하게 활용합니다. 마태복음은 "최후 심판"을 중요한 주제로 다룹니다(7:24-27; 11:16-17; 12:43-45; 13:24-30, 37-43, 47-50; 18:23-35; 20:1-16; 22:11-14; 24:42-25:30). 마태는 인자가 미래에 올 것을 묘사하면서 최후 심판을 강조합니다(10:23; 13:41; 16:27-28; 19:28; 24:27, 37, 39, 44; 25:31). 하늘은 하나님이 거하시는 곳과 눈에 보이는 창공으로 구분됩니다. 하늘에는 아버지가 천사들과 함께 계시고 그곳에서 하늘법정이 펼쳐질 것입니다. "음부"(11:23; 16:18)는 수직적 방향에서 하늘과 서로 반대쪽에 있으며, 악인들이 최후 심판을 받기 전까지 갇히는 곳입니다. 마태는 음부(11:20-24)와 하늘의 핵심(11:25-27)을 연결합니다. 이렇게 마태는 심판을 받을 도시인 가버나움과 구원의 공동체를 음부와 하늘의 수직적 구도로 대조합니다. 16:18-19(과 18:18-19)은 교회의 신분이 하늘과 연결되어 있기에 음부를 이기며, 사람들을 음부의 세력에서 구출하여 하늘 나라로 인도하는 사명이 교회에 주어졌음을 설명합니다.

또한 마태복음은 지옥(게엔나)이라는 표현을 자주 사용합니다. 지옥의 개념은 가볍게 넘길 수 없는 죄의 심각성(5:22)을 보여줍니다. 바리새인들과 서기관들의 위선이 얼마나 심각한 결과를 초래하는지를(23:15, 33) 지적하기 위해 사용됩니다. 나아가 하늘 나라의 제자에게 요구되는 더 나은 의를 강조하기 위해서도 사용됩니다(5:29-30; 10:28; 18:8-9). 울며 이를 갈게 될 곳(8:12; 13:42, 50; 22:13; 24:51; 25:30)은 최후 심판에서 벌어질 예상 밖의 결과를 보여줍니다.

하나님의 아들인 예수님은 하늘에 있는 뜻을 순종을 통해 땅에서 성취하셨습니다. 하나님이 계획하셨던 뜻이 땅에서 순종한 아들을 통해 하늘에서 이루어졌습니다. 마태는 독자들이 예수님 안에서 도래한 하늘 나라의 복음을 고백하고 이 복음의 증인으로 살아 가기를 기대하면서 마지막 문장을 마쳤을 것입니다. 예수 그리스도의 가르침과 생애를 읽거나 듣는 사람들의 순종을 통해 하늘에서 이루어진 뜻이 땅에서 확장됩니다. 하늘에서처럼 땅에서도!

임마누엘의
탄생 마태복음 1-2장

1. 다윗의 아들 예수 그리스도(1:1-17)

"아브라함의 자손이요 다윗의 자손인 예수 그리스도의 계보는 이러하다"(1:1, 새번역). 1절은 마태복음의 제목과 주제입니다. 예수 그리스도의 시대가 시작됐습니다. "예수"는 '구원자'라는 뜻입니다. 헬라어 단어 "그리스도"(히브리어 "메시아")는 '기름 부음 받은 자', '하나님의 임명을 받은 자'라는 의미입니다. 구약에서 왕, 제사장, 선지자는 기름 부음을 받은 직분입니다. 이 중에서 왕은 하나님의 통치를 대행합니다.

예수 그리스도는 "다윗의 아들"입니다. 구약의 선지자들은 다윗 왕의 후손이 영원히 통치하는 나라가 올 것이라고 예언했습니다. "바로 그가 나의 이름을 드러내려고 집을 지을 것이며, 나는 그의 나라의 왕위를 영원토록 튼튼하게 하여 주겠다. 나는 그의 아버지가 되고, 그는 나의 아들이 될 것이다."(삼하 7:13-14, 새번역). 약속된 왕은 "다윗의 아들"과 "하나님의 아들"로 불립니다. 그러므로 다윗의 아들이 태어난다는 소식은 유대인들이 오랫동안 고대하던 좋은 소식(복음)입니다. 또한 예수님은 아브라함의 아들입니다. 하나님은 아브라함을 부르실 때 모든 민족이 그를 통해 복을 받게 될 것이라고 약속하셨습니다(창 12:1-3). 예수님은 모든 민족이 복을 받는 아브라함의 약속을 성취하시는 분이시며 모든 나라를 다스릴 왕이십니다.

예수 그리스도의 계보는 몇 가지 특징을 보입니다(2-17절). 첫째, 계보에는 세 개의 14대가 나옵니다. "그러므로 그 모든 대 수는 아브라함으로부터 다윗까지 열네 대요, 다윗으로부터 바빌론에 끌려갈 때까지 열네 대요, 바빌론으로 끌려간 때로부터 그리스도까지 열네 대이다"(17절, 새번역). 유대인들은 사람의 이름을 숫자로 표현하곤 했는데, 다윗이라는 이름에 맞는 숫자는 14입니다. 따라서 이 계보는 왕의 계보이고, 예수님이 다윗의 아들이라는 사실을 입증합니다.

둘째, 계보의 요약인 17절에는 다윗과 바벨론이 두 번씩 언급됩니다. 과거 이스라엘이 바벨론에 유배 중이었던 것처럼 예수님이 태어날 당시 이스라엘은 로마의 식민지였습니다. 다윗의 아들은 속박 가운데 살아가는 모든 사람들의 해방과 자유를 위해 성육신하셨습니다. 구약에서 복음은 하나님의 통치를 가리켰습니다. "놀랍고도 반가워라! 희소식을 전하려고 산을 넘어 달려오는 저 발이여! 평화가 왔다고 외치며, 복된 희소식을 전하는구나. 구원이 이르렀다고 선포하면서, 시온을 보고 이르기를 '너의 하나님께서 통치하신다' 하는구나"(사 52:7).

이제 자유와 회복의 나라를 다스릴 왕(=다윗의 아들)이 탄생했습니다. 그리스도의 탄생은 속박 가운데 있는 사람들의 복음입니다.

셋째, 계보에는 네 명의 여자가 등장합니다. 이들은 모두 이방 출신입니다. 선민의식이 강한 유대인의 계보, 그것도 왕의 계보에 이방 출신의 어머니들이 포함되는 것은 흥미로운 일입니다. 구약은 이들을 문제가 있는 여성들이라고 비판하지 않습니다. 이들은 하나님의 백성으로서 여호와의 날개 아래서 쉼을 얻었습니다. 이방인 어머니들이 계보에 포함된 것은 하나님께서 처음부터 이스라엘뿐만 아니라 모든 민족을 그의 백성으로 삼으실 계획을 세우셨음을 의미합니다.

2. 임마누엘의 탄생(1:18-25)

예수 그리스도는 마리아와 요셉이 약혼하고 동거하기 전에 성령으로 잉태되셨습니다. 요셉은 율법을 철저히 지키는 의인이었으나 법적 아내가 된 마리아를 공개적으로 정죄하지 않고 조용히 이혼할 계획을 세웁니다. 이는 마리아를 보호하기 위한 결심이었습니다. 요셉이 마리아의 임신에 대해 고민하고 있을 때 천사가 그에게 나타났습니다. 천사는 하나님께서 마리아가 임신하도록 하셨음을 알립니다. 천사의 말을 들은 요셉은 이혼 계획을 포기하고 곧바로 아내를 데려 옵니다. 요셉은 마리아와 동침하지 않음으로써 성령의 능력으로 아이가 태어난 사실을 확증하는 역할을 합니다.

천사가 알려준 아이의 이름은 "예수"입니다. 이는 자기 백성을 죄에서 구원한다는 뜻입니다. 사람들은 그의 이름을 "임마누엘"로 부를 것입니다. "임마누엘"은 "하나님이 우리와 함께 계시다"라는 뜻입니다. 마태는 마리아가 처녀의 몸으로 아들을 낳은 사건을 이사야 7:14의 성취로 해석합니다. "그러므로 주님께서 친히 다윗 왕실에 한 징조를 주실 것입니다. 보십시오, 처녀가 잉태하여 아들을 낳을 것이며, 그가 그의 이름을 임마누엘이라고 할 것입니다"(사 7:14). 구약 시대에 남유다가 풍전등화와 같은 위기에 처했습니다. 북쪽 왕국과 시리아가 동맹해서 남쪽 왕국(유다)을 공격했고 여러 나라들이 연합해서 쳐들어오려고 했습니다(사 7:1-2). 선지자 이사야는 아하스에게 하나님만을 의지해야 한다고 경고하면서 임마누엘을 예언했습니다. 예수님은 바로 이 예언의 성취가 되셨습니다.

바벨론 제국과 같은 위협에서 생존할 수 있는 길은 오직 하나님이 함께 하시는 것이었습니다. 하나님은 고난에 처한 백성과 함께 하심으로 자신의 백성을 구원하셨습니다. 예수님의 탄생은 하나님이 자기 백성과 함께 하심을 보여줍니다. 마태복음은 예수님이 제자들 또는 교회와 함께 하신다는 사실을 반복해서 이야기합니다. 예수님은 우리와 함께 하기 위해 오신 하나님으로 자신의 백성들과 영원히 함께 하십니다(18:20; 28:20; 참조. 17:17; 26:29). 인생의 여정에서 예수님이 함께 하신다는 사실보다 더 큰 위로는 없습니다. 임마누엘은 구원하는 방법이면서 구원의 목적입니다.

> "마리아가 아들을 낳을 것이니, 너는 그 이름을 예수라고 하여라. 그가 자기 백성을 그들의 죄에서 구원하실 것이다. 이 모든 일이 일어난 것은, 주님께서 예언자를 시켜서 이르시기를, '보아라, 동정녀가 잉태하여 아들을 낳을 것이니, 그의 이름을 임마누엘이라고 할 것이다' 하신 말씀을 이루려고 하신 것이다. 임마누엘은 번역하면 '하나님이 우리와 함께 계시다'는 뜻이다"(1:21-23, 새번역).

3. 목자와 같은 왕(2:1-12)

별의 움직임을 관찰하던 동방의 박사들이 등장합니다. "박사들"(헬. 마고이)은 메대, 페르시아, 바벨론 등에서 비범한 지식과 능력으로 꿈을 해석하거나 천문 현상을 분석해 천상의 비밀을 풀어내는 사람들이었습니다. 박사들은 특이한 별 하나를 발견하고 별을 따라 유대에 왔습니다. 별이 멈추기도 하고 다시 진행하기도 하는 모습은 초자연

적인 현상입니다. 이 소식을 들은 헤롯은 대제사장들과 백성의 서기관들에게 그리스도의 탄생 장소를 물었습니다. 그들은 "베들레헴"이라고 대답합니다. 예언에 따르면 베들레헴에 태어날 왕은 목자의 마음으로 자기 백성을 다스릴 것입니다(6절; 삼하 5:2; 미 5:2). "주님께서 '네가 나의 백성 이스라엘의 목자가 될 것이며, 네가 이스라엘의 통치자가 될 것이다' 하고 말씀하실 때에도 바로 임금님을 가리켜 말씀하신 것입니다"(삼하 5:2, 새번역).

"너 베들레헴 에브라다야, 너는 유다의 여러 족속 가운데서 작은 족속이지만, 이스라엘을 다스릴 자가 네게서 내게로 나올 것이다"(미 5:2, 새번역). 목자는 양떼를 불쌍히 여기는 사람입니다. 예수님은 군림하는 통치자가 아니라 긍휼의 목자입니다. 예수님은 쓰러질 정도로 힘들어 하는 인생을 목자의 마음으로 치유하실 것입니다(9:35-36; 14:14; 15:32). 고대 왕들은 군림하는 것으로 자기 존재 의미를 찾았으나 예수님은 양떼를 회복하려고 고난을 받는 종의 길을 가는 왕입니다(예. 18:10-14; 26:31). 이런 목자-왕이 약속대로 베들레헴에서 태어났다는 소식은 길을 헤매는 모든 인생을 위한 복음입니다.

박사들은 별이 머문 집에 들어가서 유대인의 왕으로 태어난 아기와 그의 어머니 마리아를 보고 아기에게 엎드려 경배합니다(9-10절). 아기를 위해 금과 유향과 몰약을 예물로 드립니다. 이 모습은 구약에 등장하는 스바의 여왕이 다윗의 아들인 솔로몬에게 값비싼 보물을 가지고 온 장면을 떠오르게 합니다(왕상 10:1-10, 15, 23-25; 대하 9:14). 이 사건에 대해 시편 72편에서 솔로몬은 "하나님, 왕에게 주님의 판단력을 주시고…왕이 불쌍한 백성을 공정하게 판결하도록 해주시며, 가난한 백성을 구하게 해주시며 억압하는 자들을 꺾게 해주십시오"(시 72:2-4, 새번역)라고 기도했습니다. 공의로 재판하는 왕 앞에 모든 왕이 와서 엎드릴 것입니다(시 72:10-11; 참조. 사 60:5). 이처럼 열방이 이스라엘의 왕을 찾아 올 것이라는 소망은 동방 박사들이 아기 예수님을 경배한 사건으로 성취됩니다. 앞으로 예수님은 궁핍하고 가난한 자들을 회복하고 공의로 판결하실 것입니다(참조. 12:18-21).

4. 탄식하는 자들을 구원하러 오신 예수님(2:13-23)

헤롯 왕이 아이를 찾아 죽이려 할 때, 주의 천사가 요셉에게 예수님과 마리아를 데리고 이집트로 피신하도록 지시합니다. 예수님이 이집트에 피신하고 머문 사건은 우연히 일어난 일이 아닙니다. 이는 호세아 11장 1절의 성취입니다. "이스라엘이 어린 아이일 때에, 내가 그를 사랑하여 내 아들을 이집트에서 불러냈다"(호 11:1, 새번역). 성경에는 대표자 개념이 있습니다. 예수님은 이스라엘을 대표합니다. 구약에서 이스라엘은 하나님의 아들이었으며, 하나님의 아들인 예수님은 새 이스라엘을 대표합니다. 호세아 11:1은 출애굽 사건을 배경으로 삼고 있습니다. 출애굽 사건은 하나님의 구원을 보여주는 가장 대표적인 사건이었습니다. 이스라엘이 이집트에서 해방되는 '출애굽'을 경험했던 것처럼 예수님을 대표자로 따르는 새 이스라엘은 사탄이 속박에서 구원을 얻는 '새 출애굽'을 경험할 것입니다.

헤롯은 박사들이 별을 관찰하기 시작한 시점을 기준으로 두 살 이하의 남자 아이들을 살해했습니다(16절). 자식을 잃은 부모들의 통곡 소리가 하늘을 찔렀습니다. 이 비극은 라마에서 라헬이 애곡한 내용을 언급하는 예레미야 31장 15절의 성취이고 비극의 반복입니다. 그러나 이어지는 예레미야 31장 16-17절은 소망과 회복을 선언합니다. 예레미야서의 구조와 같이 사악한 인간들이 만든 비극 가운데 사는 사람들에게 예수님은 기쁨의 원천이 되실 것입니다. 예수님은 식민지 백성의 통곡 소리가 나는 땅에서 태어나 자랐습니다. 예수님은 십자가의 고통을 겪으셨기에 이런 비극과 아픔을 잘 알고 계십니다. 예수님은 탄식하는 사람들의 눈물을 닦는 위로의 주님으로 오셨습니다. 애통하는 자들은 예수님 안에서 위로를 받게 될 것입니다.

예수님은 나사렛이라는 무명의 언덕 마을에서 자랐다는 이유로 "나사렛 사람"으로 불렸습니다(21-23절). "나사렛"은 이사야 11장 1절에 언급된 이새(다윗의 아버지)의 "가지"를 가리키는 히브리어 '네쩨르'와 자음이 같습니다. 예수님이 나사렛 사람으로 불린 것은 "가지", 곧 다윗의 후손임을 입증합니다. 또한 예수님이 무명의 사람으로 불린 것은 겸손한 종으로 활동하게 될 것을 예고합니다.

생각과 삶 나누기

1.

예수님의 계보를 다윗의 아들에 초점을 맞추어 전개하는 목적은 무엇일까요(1:1-17)? 예수님이 다윗의 아들과 아브라함의 아들이라는 사실은 구원 역사에 있어서 어떤 의미가 있을까요? 그 통치자의 다스림은 지금 우리의 삶에서 어떤 모습으로 나타나고 있습니까?

2.

주의 천사는 태어날 아기가 "임마누엘"로 불리게 될 것이라고 예고합니다(1:18-25). 예수님이 임마누엘로 불린다는 것은 무엇을 의미할까요? 그렇다면 '임마누엘'은 힘들고 어려운 삶을 살아가는 우리에게 어떤 의미를 가질까요? 나와 함께 해주신 하나님에 대해서 나누어 봅시다.

3.

예언에 따르면 메시아는 베들레헴에 태어날 것입니다(2:1-12). 이 예언은 예수님의 어떤 역할을 의미합니까(삼하 5:2; 미 5:2)? 참된 목자이신 예수님을 통해서 우리는 참된 쉼을 누리고 있습니까(참조. 시 23편)? 목자이신 예수님을 경험한 때를 나누어 봅시다.

질문 가이드

1.

다윗의 아들은 구약에서 약속한 왕입니다. 예수님의 계보는 왕의 탄생을 알리고 있습니다. 다윗의 아들은 바벨론과 같은 속박 가운데 있는 백성을 해방하는 왕입니다. 그러나 예수님은 이스라엘만의 왕이 아니라 아브라함의 언약을 실현하는 열방의 통치자입니다.

2.

예수님을 통해 구원을 받은 사람들은 그를 "우리와 함께 하시는 하나님"으로 부르게 됩니다. "임마누엘"은 이사야 7장 14절의 성취입니다. 하나님은 고통 가운데 있던 유대 백성을 "우리와 함께 하시는 하나님"으로 구원하신 것처럼 어려움에 처한 사람들과 함께 하시는 방식으로 구원하십니다. 예수님은 택함 받은 자들과 함께 하시는 임마누엘이십니다.

3.

예언에 따르면 베들레헴에 탄생할 메시아는 통치자와 목자입니다. 예수님은 긍휼의 목자처럼 다스리십니다. 목자이신 예수님의 통치를 받는 백성은 자유와 쉼을 얻게 됩니다.

하늘 나라 복음의 준비와 시작

마태복음 3-4장

1. 세례 요한과 세례(3:1-17)

세례 요한은 유대 광야에서 "회개하여라. 하늘 나라가 가까이 왔다"고 선포합니다. 그는 모습을 곧 드러낼 그리스도를 소개합니다. "광야에서 외치는 이의 소리가 있다. '너희는 주님의 길을 예비하고, 그의 길을 곧게 하여라'"(사 40:3, 새번역). 요한은 선지자 이사야가 예고한 인물로 "주"의 길을 준비합니다. 이사야 40장 3절에서 출애굽 백성을 맞이하러 광야로 오셨던 "주"는 하나님이셨습니다. 이제 온 세상을 구원하려고 광야에 오실 "주"는 예수님입니다. 구원을 선사하려고 오시는 "주"를 맞이하려면 회개해야 합니다. 회개는 '돌이킴'을 의미합니다. 회개의 핵심은 자신이 의존하고 섬기던 대상에서 하나님께로 돌아오는 데 있습니다. 물론 논리적 순서로는 회개보다 하늘 나라가 온 것이 먼저입니다. 하늘 나라가 왔기 "때문에" 회개로 반응할 수 있고, 해야 합니다. 은혜로 주어진 하늘 나라에 고백과 삶으로 반응하는 일이 회개입니다.

"주"의 오심을 선포하는 요한은 구약의 말라기 선지자 이후 이스라엘에 등장한 첫 선지자이기 때문에 백성의 관심을 한 몸에 받았습니다. 요한은 선지자 엘리야와 같이 광야에서 청빈하게 살면서 회개를 선포합니다(참조. 왕상 19:13, 19; 왕하 1:8; 2:8, 13-14). 그는 명예나 부에 관심을 두지 않았습니다. 하나님이 맡기신 회개를 촉구하는 사명에만 집중했습니다. 회개를 외칠 수 있는 힘은 외치는 자의 경건한 삶과 분리되지 않습니다. 요한의 경건한 삶에서 나오는 선포에는 힘이 있었습니다. 예루살렘과 온 유대와 요단 주변 온 지역의 사람들이 죄를 고백하고 요단강에서 세례를 받았습니다.

요한은 현장을 조사하고 있는 바리새인들과 사두개인들에게 회개에 합당한 열매를 맺으라고 경고합니다(8절). 요한은 회개의 열매를 요구합니다. 삶에 변화가 나타나야 진정한 회개가 있었다는 말입니다. 요한 뒤에 오시는 이는 요한보다 훨씬 강해서 불과 성령으로 세례를 줄 것입니다. 물과 불은 깨끗하게 만드는 역할을 합니다. 세례는 과거의 죄가 심판을 받고 깨끗하게 된 것을 입증하는 의식입니다. 요한이 주는 물세례와 예수님이 불과 성령으로 행할 세례는 기능면에서는 같으나 능력에는 차이가 있습니다. 요한이 회개의 표시로 세례를 준 반면 예수님은 회개한 자를 성령의 능력으로 구원하실 것입니다.

놀랍게도 "주" 예수님은 요한에게 세례를 받고자 하십니다(13-14절). 예수님은 요한이 자신에게 세례를 주는 것이 "모든 의"를 이루는 길이라고 말합니다(15절). 하나님 편에서 "의"는 구원을 위한 하나님의 '계획', '뜻', '신실하심'입니다. 인간 편에서 "의"는 하나님의 구원과 은혜에 대한 의로운 행위입니다. 마태복음 3:15의 "의"는 아들을 통해 세상을 구원하시려는 하나님의 계획과 뜻입니다. 예수님은 죄를 회개하는 백성처럼 요한에게 세례를 받으십니다. 물에 들어가는 것은 죽음을 상징하고 물에서 올라오는 것은 부활과 승리를 상징합니다(참조. 롬 6:4-5). 세례받으신 예수님은 하나님의 뜻을 이루기 위해 고난받고 십자가에서 죽게 될 것입니다.

예수님이 세례를 받고 물에서 올라오자 하늘에서 소리가 들립니다. "이는 내 사랑하는 아들이요 내 기뻐하는 자라 하시니라"(개역개정) 하나님의 사랑하는 아들은 시편 2편 7절의 왕을 의미합니다. "나 이제 주님께서 내리신 칙령을 선포한다. 주님께서 나에게 이르시기를 '너는 내 아들, 내가 오늘 너를 낳았다'"(시 2:7, 새번역). 따라서 예수 님의 세례는 왕의 대관식입니다. "기뻐하는 자"는 이사야 42:1의 고난 받는 종을 가리킵니다. "나의 종을 보아라. 그는 내가 붙들어 주는 사 람이다. 내가 택한 사람, 내가 마음으로 기뻐하는 사람이다. 내가 그 에게 나의 영을 주었으니, 그가 뭇 민족에게 공의를 베풀 것이다"(사 42:1, 새번역). 예수님은 순종하는 종으로 아들의 역할을 수행하실 것 입니다. 하늘 나라의 왕이신 예수님은 종의 삶으로 아버지의 뜻을 이 루실 것입니다. 대중에게 나타난 예수님의 첫 모습은 물속으로 낮아 진 것입니다. 왕으로 오셨으나 낮은 종의 모습으로 섬기는 아들의 '겸 손'이 기독교의 핵심 덕목입니다.

2. 시험받으신 예수님(4:1-11)

예수님이 순종하는 아들이라는 사실은 광야의 시험으로 입증됩니다. 광야의 시험은 앞으로 예수님이 어떻게 공생애를 사실지를 예고합니 다. 세 가지 시험에서 예수님은 아버지의 뜻과 목적을 우선으로 하고 아버지를 신뢰하고 고난으로 아버지의 나라를 세우실 것을 보여줍니 다. 그래서 예수님은 기록된 말씀(신 8:3)을 근거로 먼저 자기의 배고 픔이 채우는 선택을 하지 않으십니다(첫 번째 시험). 사탄이 기록된 말씀을 근거로 성전 꼭대기에서 뛰어내리라고 시험하지만(시 91:11-12), 하나님의 아들은 아버지를 신뢰하기 때문에 아버지의 함께 하심 을 시험하지 않습니다(두 번째 시험). 마귀가 온 세상을 다스리는 영 광을 약속하지만 아들은 십자가에서 숨이 닫힐 때까지 고난받는 길을 갈 것입니다(세 번째 시험). 세례와 시험 장면은 하나님의 아들이 지극히 겸손하고 순종하는 종으로 아버지의 뜻을 성취할 것임을 보여줍니다. 고난의 종인 예수님은 죄인들을 구원하기 위해 자신의 목숨을 몸값으로 내어주실 것입니다(20:28; 26:28).

3. 큰 빛으로 오신 예수님(4:12-25)

마태는 하나님의 통치를 실현하는 메시아가 왜 예루살렘이 아니라 갈릴리에서 활동을 했는지 설명합니다. 갈릴리는 역사적으로 어둠이 깃든 지역이었고 예수님은 어두운 곳을 밝히는 "빛"이기 때문에 그곳 사람들을 밝히려고 갈릴리에서 활동하십니다(참조. 사 9:1-2). 앗수르의 침공(기원전 732년)으로 갈릴리 지역에 이방인들이 섞여 살면서 이곳은 "이방인들의 갈릴리"로 불렸습니다. 이런 갈릴리에서 예수님이 하늘 나라의 복음을 전하시는 장면은 이사야 9장 1-2절의 성취입니다. "어둠 속에서 고통받던 백성에게서 어둠이 걷힐 날이 온다. 옛적에는 주님께서 스불론 땅과 납달리 땅으로 멸시를 받게 버려두셨으나, 그 뒤로는 주님께서 서쪽 지중해로부터 요단 강 동쪽 지역에 이르기까지, 그리고 이방 사람이 살고 있는 갈릴리 지역까지, 이 모든 지역을 영화롭게 하실 것이다"(사 9:1-2, 새번역). 빛이신 예수님은 어둠과 죽음에 거하는 사람들을 회복하십니다. 예수님이 다스리시는 나라는 회복의 나라입니다.

예수님은 이와 같은 회복의 사역을 위해 첫 제자들을 부르십니다(18-22절). 당시 유대교에서는 학생들이 랍비를 찾아가 배웠으나, 예수님은 당신이 먼저 제자들을 찾아가 직접 선택하셨습니다. 예수님은 제자들을 사람을 낚는 어부들로 부르셨고 제자들은 그물과 배, 심지어 아버지를 버리고 예수님을 따릅니다. 예수님이 세상을 비추는 빛인 것과 같이 그의 선택을 받는 사람은 즉시 빛으로 부름받습니다. 예수님을 배우는 제자들을 통해 어둠에서 탄식하는 사람들이 빛이신 예수님을 만나고 회복될 것입니다. 예수님은 '가르침'과 '치유'로 하늘 나라의 복음을 전하십니다(23-25절). 고통을 겪는 수많은 사람들이 예수님을 찾아왔고 치유 받았습니다.

생각과 삶 나누기

1.
예수님이 공생애를 시작하기 전에 세례를 받으신 이유는 무엇일까요
(3:1-17)? 세례를 주러 오신 분이 세례를 받으신 장면은 그분을 믿는 우
리에게 어떤 의미가 있을까요? 이러한 모습이 우리로 하여금 예수님의
어떠한 사랑을 생각하게 하며, 우리는 이런 사랑을 받은 자로서 어떻게
살아야 할까요?

2.
세례 장면과 연결해서 광야의 시험은 예수님을 어떤 분으로 묘사합니
까(4:1-11)? 예수님의 시험은 그분을 믿는 우리에게 어떤 모델이 될까
요? 우리도 시험을 당할 때가 있습니다. 각자 마주했던 시험을 나누어
보고, 시험을 마태복음 말씀을 통해 어떻게 극복할지 나누어 봅시다.

3.
예수님은 하늘 나라의 사역을 왜 이방의 갈릴리로 불리는 지역에서 시
작하셨을까요(4:12-17)? 예수님이 제자들을 부르신 목적은 무엇일까요
(4:18-22)? 예수님은 어떻게 하늘 나라의 복음을 전하셨습니까(4:23-
25)? 우리 시대를 주도하는 어두움은 어떤 것일까요? 예수님이 제자들
을 통하여 전하고자 하는 복음의 의미를 고려한다면 우리는 이 어두움
을 어떤 방식으로 극복할 수 있을까요? 또 우리에게 주어진 갈릴리는
어디일까요?

질문 가이드

1.

예수님은 세례 요한이 예고한 "주"와 "세례 주는 자"입니다. 그분 앞에 사람들이 회개해야 합니다. 그러나 예수님은 마치 죄인처럼 낮아져 세례를 받으셨습니다. 이는 예수님이 앞으로 어떻게 하나님의 구원 계획을 성취하실 것인지 예고합니다. 예수님은 하나님의 아들이지만 고난받는 종으로 사명을 완수하실 것입니다. 그리스도인의 덕목은 예수님처럼 낮아지는 것입니다.

2.

예수님의 세례 이후 하나님의 아들과 하나님의 종이라는 소리가 들렸던 것과 같이 광야 시험에서 예수님은 성부의 뜻에 순종하는 하나님의 아들과 하나님의 종으로 소개됩니다. 예수님은 아버지의 뜻에 먼저 순종하고 아버지를 신뢰하고 아버지의 영광을 위해 고난의 길을 가는 아들입니다. 예수님의 이런 결심과 생애는 그리스도인의 모델이 됩니다.

3.

예수님은 흑암에 거하는 자들을 구원하러 오신 "빛"이기 때문에 갈릴리에서 구원의 복음을 전하셨습니다. 제자들도 예수님처럼 죽어가는 자들을 살리는 사역을 맡았습니다. 예수님은 하나님의 뜻을 가르치고 아픈 자들을 치유하는 방식으로 하늘 나라의 복음을 전하셨습니다.

산상설교(1) 마태복음 5:1-6:18

1. 복된 사람들(5:1-16)

예수님은 산에서 하늘 나라 백성의 복과 윤리를 가르치십니다. 먼저 하늘 나라에 속한 사람의 복을 여덟 가지로 설명하십니다. 팔복은 각각 두 문장으로 구성됩니다. 첫 문장은 하늘 나라의 복음에 긍정적으로 반응한 사람들의 특성을 묘사합니다. 두 번째 문장은 복된 이유를 설명합니다. 첫 번째부터 네 번째 복은 수직적으로 하나님에 대한 태도와 관련이 있습니다. 처음 네 가지 복은 희년의 성취를 예고한 이사야 61:1-3을 배경으로 삼고 있습니다. 첫째, 심령이 가난한 자들은 복됩니다(3절). 이사야 61:1의 가난한 사람들처럼 복된 사람들은 마음이 파산한 상태에서 하나님 앞에 서서 주님의 도움만 의존합니다. 아무에게도 의존하지 않는 것이 복된 것처럼 보이지만 가난한 마음으로 하나님을 의지하는 사람이 진정으로 복됩니다. 왜냐하면 이렇게 의존하는 사람은 이미 하늘 나라에 들어가 있는 아버지의 자녀이기 때문입니다. 예수님을 믿는 사람은 비록 낮아지는 처지에 이르더라도 좌절하지 말아야 합니다. 그런 상태가 하늘 나라 백성이라는 증거이기 때문입니다.

둘째, 땅의 관점에서 애통하는 사람들은 부러움의 대상이 되지 못하지만 하나님 앞에서 애통하는 자는 하나님의 위로를 받을 것이기에 복됩니다(사 61:2-3). 셋째, 온유한 사람들은 복됩니다(5절). 유대 배경에서 온유한 자들은 하나님 앞에서 겸손하고 낮아진 사람들입니다. 이 말씀의 배경인 시편 37:11의 전후 내용은 조바심을 내지 말고 하나님을 신뢰하도록 가르칩니다. 상황이 기대와 달리 전개되더라도 하나님께 화를 내지 않고 하나님의 섭리에 인생을 겸손하게 맡기는 자들에게 하나님은 응답하십니다.

넷째, 의를 배고파하고 목말라하는 자들은 복됩니다(6절). 여기서 "의"는 하나님의 신실한 행위, 즉 구원을 의미합니다. 불의의 세상에서 구원하시는 하나님의 간섭을 갈망하는 사람은 복됩니다. 하나님만이 문제의 해결자이시기 때문입니다. 마음이 가난하고, 애통하고, 낮아지고, 의를 갈망하는 사람은 세상의 관점에서는 부러움의 대상이 아니지만 하늘의 관점에서는 복됩니다.

다섯 번째부터 여덟 번째 복은 수평적으로 다른 사람에 대한 태도와 관련이 있습니다. 다섯째, 긍휼을 베푸는 자들은 복됩니다(7절). 어려운 형편에서도 타인을 불쌍히 여기는 인생을 하나님이 옳다고 인정하시고 긍휼로 갚아 주실 것이기 때문입니다. 여섯째, 마음이 깨끗한 자들은 복됩니다(8절). 마음이 깨끗한 사람은 다른 사람을 순수하고 옳게 대합니다. 이렇게 이웃을 대하면 하나님을 만나게 되므로 복됩니다(시 24:4-6). 일곱째, 분쟁과 갈등이 끊이지 않는 땅에서 화평을 위해 헌신하는 사람들은 복됩니다(9절). 평화를 전하는 사람들이야말로 하나님의 자녀로 불리는 최고의 영예를 얻게 되기 때문입니다.

여덟째, 의 때문에 핍박을 받는 자들은 복됩니다(10절). 여기서 "의"는 6절의 용례와 대조적으로 하나님의 은혜에 대한 인간의 선한 행위와 반응을 뜻합니다. 하나님의 은혜에 옳게 반응할 때 받는 핍박은, 핍박을 받는 자들이 하늘 나라의 자녀와 백성이라는 사실을 증거합니다. 예수님 때문에 핍박을 받고 곤경에 처할지라도 절망하거나 회의에 빠지지 말아야 합니다. 기뻐하고 즐거워해야 합니다. 이들을 위해 하늘에 준비된 상이 크기 때문입니다(11-12절). 다른 사람을 위해 긍휼을 베풀고 그들을 선하게 대하고 화평을 위해 헌신하고 핍박 중에서도 견디는 생활은 힘든 여정이지만, 하나님이 응답하고 보상하실 것이기 때문에 복됩니다.

예수님은 하늘 나라의 자녀인 제자들을 소금과 빛에 비유하십니다(13-16절). 제자들은 땅의 소금입니다(13절). 소금이 없는 세상을 상상할 수 없을 만큼 소금은 소중하고 필수적인 요소입니다. 소금의 대표적인 기능은 음식의 맛을 내고 음식을 보존하는 데 있습니다. 제자들은 무시 당하더라도 땅에서 대단히 소중하고 필수적인 사람들입니다. 제자들의 선한 삶은 사회의 곳곳에 보이지 않게 스며들어 세상의 부패를 막고 세상을 살맛나게 만듭니다. 제자들은 세상의 빛입니다(14절). 빛은 다른 무엇을 밝힙니다. 등불을 켜는 사람은 그것을 됫박 밑에 두지 않고 등경 위에 놓고 집 안에 있는 모든 것을 비출 수 있게 합니다(15절). 빛이 세상을 밝히기 위해 있는 것처럼, 제자들의 선한 행위는 세상을 밝히고 하나님께 영광을 돌리게 합니다(16절). 제자는 빛으로 부름받은 순간부터 세상에 노출됩니다. 이사야서에서 하나님의 신실한 백성은 "열방의 빛"으로 표현됩니다(사 42:6; 49:6; 60:3). 하나님의 종인 예수님은 "빛"이며(4:16), 하나님의 종들인 제자들은 세상의 "빛들"입니다. 신실한 종의 삶이 세상을 밝게 비춥니다.

2. 더 나은 의(5:17-48)

예수님은 율법이나 선지자, 즉 구약을 폐지하고자 오시지 않고, 성취하러 오셨습니다(17절). 예수님이 구약의 의미를 정확히 해석하고 구약에 나타난 뜻을 실천하시는 방식으로 구약을 성취하십니다. 구약은 하나님의 말씀이므로 하늘과 땅이 없어지기 전까지는 율법의 일점일획도 결코 없어지지 않을 것입니다. 가볍게 여겨야 할 율법은 하나도 없습니다. 작게 보이는 계명이 있다는 사실은 그 계명을 무시해도 된다는 것이 아니라, 그만큼 하나님의 뜻이 세밀한 부분에까지 미치고 있음을 의미합니다. 제자들의 의가 서기관과 바리새인의 것보다 낮지 않으면 결코 하늘 나라에 들어가지 못합니다(20절). 제자들은 소금과 빛으로 부름받았으므로 새로운 존재입니다. 그들은 당시의 종교 지도자들보다 더 나은 의를 행할 수 있는 힘을 이미 얻었습니다. 예수님이 해석하신 원리에 따라 예수님의 생애를 모방하며 살 때 더 나은 의를 실천할 수 있습니다. 산상설교의 교훈은 지킬 수 없는 이상이 아니라 순종하면 행할 수 있는 윤리입니다.

> "내가 율법이나 예언자들의 말을 폐하러 온 줄로 생각하지 말아라. 폐하러 온 것이 아니라, 완성하러 왔다. 내가 진정으로 너희에게 말한다. 천지가 없어지기 전에는 율법은 일점 일획도 없어지지 않고, 다 이루어질 것이다. 그러므로 누구든지 이 계명 가운데 아주 작은 것 하나라도 어기고 사람들을 그렇게 가르치는 사람은, 하늘 나라에서 아주 작은 사람으로 일컬어질 것이요, 또 누구든지 계명을 행하며 가르치는 사람은, 하늘 나라에서 큰 사람이라고 일컬어질 것이다. 내가 너희에게 말한다. 너희의 의가 율법학자들과 바리새파 사람들의 의보다 낮지 않으면, 너희는 하늘 나라에 들어가지 못할 것이다"(5:17-20, 새번역).

예수님은 "더 나은 의"가 무엇인지 여섯 가지 예로 가르치십니다(21-

48절). 21-32절의 세 가지 예(살인, 간음, 이혼)는 율법의 원래 의도를 알고 실천하는 윤리입니다. 33-48절의 세 가지 예는 이런 해석에 따라 높은 수준의, 즉 급진적인 삶으로 더 나은 의를 실천하는 것입니다.

첫 번째 예는 살인하지 말라는 계명에 대한 가르침입니다(21절). 유대인들은 사람을 죽이지 않으면 이 계명을 지킨 것으로 생각했습니다. 그러나 예수님은 형제에게 화를 내는 자마다 심판을 받게 될 것이라고 선언하십니다(22절). 하늘 나라의 새 백성은 살인하지 말라는 계명을 어기지 않는 것으로 만족하지 않아야 합니다. 형제를 비꼬는 투로 무시하지 않고, 잘못이 떠오르면 즉시 사과하는 태도가 살인하지 말라는 계명의 원래 의도에 적합한 태도입니다.

두 번째 예는 간음하지 말라는 계명입니다(27절; 출 20:14; 신 5:18). 남의 아내를 음행의 눈으로 보는 행위가 간음입니다. 간음하는 마음은 간음 행위와 다르지 않고 하나님은 마음을 보시기 때문입니다. 하나님은 마음의 간음을 합당하게 처벌하실 것입니다. 그래서 예수님은 몸의 일부가 실족하게 만든다면 차라리 그것 없이 지옥의 형벌을 피하는 것이 낫다고 경고하십니다(29-30절). 세 번째 예는 이혼하지 말라는 계명입니다(31-32절). 이혼은 인간의 완악함 때문에 허락되었지 결혼을 만드신 하나님의 원래 목적과는 맞지 않습니다(창 2:24; 신 24:1-4).

하나님의 원래 의도는 한 몸으로 사는 것이며, 제자들은 원래의 목적에 순종해야 합니다. 소금과 빛으로 부름받은 사람은 형제를 무시하는 말도 지옥에 떨어질 큰 죄라고 생각합니다. 음행을 즐기려는 마음을 심판하실 하나님을 의식하며 상대방을 성적 유희의 대상으로 삼지 않습니다. 아내와 남편은 이혼하지 않는 것으로 만족하지 않고 서로를 위해 헌신합니다. 이처럼 하늘 나라의 자녀는 마음의 의도마저도 심판하시는 하나님의 눈을 의식하고 살아갑니다. 예를 들어, 대수롭지 않게 넘어갈 수 있는 작은 죄도 심각하게 생각하며 삽니다.

넷째, 예수님은 맹세 자체를 금지하십니다(34절). 하나님의 자녀는 자신이 진실하다는 사실을 증명하려고 하늘, 땅, 예루살렘, 머리 등에 명예를 거는 행동을 하지 않습니다. 진실한 말과 삶이 맹세에 대한 율법을 성취합니다. 여기서 진실을 말해야 하는 의무는 사람의 생명을 보호하는 방향이어야 합니다. 다섯째, 예수님은 눈에는 눈으로, 이에는 이로 갚으라는 동해보복법(출 21:24; 레 24:20; 신 19:21)과 달리 보복하지 않도록 명령하십니다(38절). 오히려 손해를 입는 길을 택하라고 하십니다. 오른쪽 뺨을 맞았을 때 왼쪽 뺨을 돌려 댈 정도의 마음을 먹어야 합니다. 당시 상대방이 손등으로 때려 오른쪽 뺨을 맞는 것은 가장 치욕적인 행위였다는 사실을 생각하면, 이 말씀이 얼마나 놀라운지 알 수 있습니다.

여섯째, 유대인들은 이웃을 사랑하고 원수를 미워하라는 계명을 가르쳤으나 하나님의 자녀는 원수들을 사랑하고 핍박하는 자들을 위해 기도해야 합니다(43-44절). 구약에도 원수를 잘 대하라는 내용이 나오지만(출 23:4-5; 잠 24:17; 25:21), 원수를 "사랑하라"는 훨씬 급진적인 명령은 유대교에는 전례가 없습니다. 예수님의 제자는 그만큼 높은 수준의 윤리를 요구 받습니다. 원수까지도 사랑하는 사람은 하늘 아버지의 자녀로 불립니다(45절). 원수까지도 사랑해야 하는 이유는 하나님의 성품 때문입니다(45절). 예수님은 아버지께서 완전하신 것같이 완전하게 되는 것을 목표로 삼으라고 명령하십니다(46-48절). 소금과 빛의 존재로 변화된 하나님의 자녀는 성부를 의지함으로써 원수 사랑과 같이 본성으로는 불가능하게 보이는 수준의 윤리도 행할 수 있습니다. 모든 평가를 하나님께 맡기고 진실하고 복수하지 않고 사랑할 수 있도록 기도할 때 하늘 아버지의 자녀로 인정을 받습니다. 제자는 높은 윤리를 실천하는 것으로 세상을 회복하는 도구가 됩니다.

3. 참된 경건(6:1-18)

경건의 원리는 사람들 앞이 아니라, 보이지 않지만 응답하시는 "하늘 아버지 앞에서" 의로운 행위를 하는 데 있습니다(1절). 예수님은 세 가지의 경건 생활을 예로 들어 설명하십니다. 첫 번째 경건 행위는 자선입니다(6:2-4). 제자는 자선을 베풀 때 사람들의 영광을 받으려는 마음을 품지 말아야 합니다. 오른손이 하는 것을 왼손이 모를 정도로 은밀하게 구제해야 합니다. 하늘 아버지는 선한 행실을 보고 계시므로 반드시 보상으로 갚아 주십니다. "네 자선 행위를 숨겨두어라. 그리하면, 남모르게 숨어서 보시는 네 아버지께서 너에게 갚아 주실 것이다"(4절, 새번역).

두 번째 경건 행위는 기도입니다(5-13절). 제자는 위선을 피하고 은밀히 기도해야 합니다. 위선은 진짜 모습과 드러내는 모습 사이의 모순이나 불일치를 말합니다. 위선은 연극에서 사용되는 언어였습니다. 배우는 실제 모습을 감추고 맡은 배역에 맞추어야 합니다. 사람들 앞에서 나팔을 부는 행위는 관객을 모으는 행위입니다. 길게 기도하는 모습은 연극배우가 관객 앞에 하는 연기와 같습니다.

위선은 제자들의 언어가 아닙니다. 제자는 골방에 들어가서 문을 닫고 아무도 모르게, 오직 아버지만 아시도록 기도해야 합니다. 골방은 소중한 손님을 접대하고 친밀하게 교제하기 위한 비밀 공간입니다. 하나님 한 분만을 초대해서 친밀하게 만날 수 있는 곳입니다. 성부는 자녀의 필요를 먼저 아시고 기다리는 분이시므로, 기도하는 사람은 대화하듯이 명확하게 필요한 것을 표현해야 합니다. 기도의 대상은 자녀의 어려움과 호소를 뚜렷하게 듣고 계시는 하나님 아버지입니다. 하나님이 자녀의 필요를 알고 계신다는 것과 자녀는 아버지의 도와주시는 은혜를 확신하는 것, 이 두 가지가 기도를 가능하게 하는 요소입니다.

예수님은 하늘 아버지의 자녀들이 무엇을 기도해야 할 것인지 '주의 기도'로 가르칩니다(9-13절). 제자는 기도의 대상이신 하나님을 "아버지"로 부르는 것으로 시작합니다. 기도의 내용에는 여섯 가지 청원이 있습니다. 처음 세 가지는 "당신의"라는 수식어가 붙는 기도이고, 서로 연결됩니다(9-10절).

첫째, "당신의 이름이 거룩히 여김 받게 하소서!" 하나님은 사람들이 하나님의 뜻에 순종하고 하나님 자신의 이름을 높이는(또는 찬양하는) 과정을 통해서 당신의 이름을 거룩하게 하십니다. 둘째, "당신의 나라가 임하게 하소서!" 제자는 이미 임한 하늘 나라가 땅에서 더 확장되도록 기도해야 합니다. 여전히 존재하는 악의 현상은 하늘 나라가 땅에서 확장돼야 하는 이유입니다. 셋째, "당신의 뜻이 하늘에서처럼 땅에서도 이뤄지게 하소서!" 하늘 아버지의 뜻은 예수님의 순종을 통해 하늘에서 이루어졌습니다. 이제 제자들의 활동과 삶을 통해 아버지의 뜻이 땅에서도 이루어지도록 기도해야 합니다.

다음 세 가지는 "우리의"가 수식어로 붙는 기도입니다(11-13절). 넷째, "오늘 우리에게 우리의 하루 양식을 주소서!" 다섯째, "우리가 우리에게 죄 지은 자들을 용서하는 것처럼 우리의 죄들을 용서하소서!" 이웃을 용서하는 것은 하나님의 능력에서 오는 힘으로 가능합니다. 용서를 받고 용서를 하는 행위는 한 번으로 그쳐서는 안 됩니다. 용서의 순환을 통해 악의 세력이 장악하는 결속력이 약화되고 긍휼이 땅에서 확장됩니다. 하늘 나라는 죄를 용서받는 나라이며, 이미 시작된 죄용서는 종말까지 계속 실행되고 경험되어야 합니다. 여섯째, "우리를 시험에 들지 말게 하시고, 악에게서 우리를 구해 주소서." 자신의 약함과 한계를 아는 제자는 시험에 빠져들지 않게 기도하고, 시험에 들었을 때는 저항할 수 있는 힘을 달라는 기도합니다. 참된 기도는 용서하는 삶으로 입증됩니다(14-15절).

세 번째 경건 행위는 금식입니다(16-17절). 금식하는 사람은 금식하지 않는 사람처럼 연기해야 합니다. 이는 사람의 칭찬과 존경을 받는 길을 의도적으로 피하라는 뜻입니다. 은밀한 중에 보시는 아버지께서 갚아 주십니다. 예수님은 반복해서 "아버지"라는 용어를 사용하심으로써 아버지께서 우리의 상황을 보고 계시며 갚아 주실 것을 강조하십니다.

생각과 삶 나누기

1.

팔복의 내용과 구조에 대해 설명해 보십시오(5:3-10). 우리 시대에서는 누구를 복된 사람으로 평가합니까? 이 평가는 어떤 점에서 예수님의 관점과 차이가 납니까? 여러분은 어떤 가르침이 가장 어려우십니까?

2.

하나님의 백성에게 요구되는 "더 나은 의"는 어떤 내용입니까(5:17-48)? 우리는 과연 이런 수준의 의를 실천할 수 있을까요? 우리가 "더 나은 의"를 실천해야 하는 이유는 무엇일까요? 요즘 특별히 더 사모하는 더 나은 의에는 어떤 의가 있습니까?

3.

경건 생활의 기본 원리는 무엇입니까(6:1-18)? 은밀한 가운데 계시는 하늘 아버지께서 은밀한 가운데 갚아 주신다는 사실이 우리의 경건 생활에 어떤 영향을 줄까요?

질문 가이드

1.

팔복은 하나님에 대한 태도와 사람들에 대한 태도로 구분됩니다. 이 시대에 복된 사람은 필요한 부를 소유하거나 좋은 부모를 만나거나 자녀가 성공하거나 자신이 명성을 누리게 되는 사람입니다. 그러나 하나님의 관점에서는 팔복에 제시된 상태에 있는 사람이 복됩니다.

2.

예수님은 여섯 가지 예를 통해 더 나은 의가 무엇인지 가르치십니다. 땅의 소금과 세상의 빛으로 부름받은 그리스도인들은 하나님의 능력에 의지해 더 나은 의를 실천할 수 있습니다. 우리를 부르신 아버지의 성품 때문에 더 나은 의를 실천해야 합니다.

3.

경건 생활의 원리는 사람들이 아니라 하늘 아버지 앞에서 행동하는 것입니다. 경건 행위에는 반응이 따릅니다. 하늘 아버지 앞에서 구제하고 기도하고 금식한 자녀에게 하나님은 반드시 갚아 주십니다. 사람의 칭찬은 일시적이고 사람의 눈은 잠시 속일 수 있을 뿐입니다. 하나님의 갚아주시는 은혜가 진정한 기쁨이고 응답입니다.

산상설교(2) 마태복음 6:19-7:29

1. 염려하지 말라(6:19-34)

여기에서 예수님은 돈과 관련된 교훈을 가르치십니다(6:19-34). 제자는 보물을 하늘에 쌓는 사람입니다(19-21절). 하늘만이 안전한 곳이고(20절), 보물을 쌓아 두는 장소에 마음이 쏠리기 때문입니다(21절). 몸의 등불은 눈입니다.

> "눈은 몸의 등불이다. 그러므로 네 눈이 성하면 네 온 몸이 밝을 것이요, 네 눈이 성하지 못하면 네 온 몸이 어두울 것이다. 그러므로 네 속에 있는 빛이 어두우면, 그 어둠이 얼마나 심하겠느냐?"(6:22-23, 새번역).

눈이 건강하면 온 몸이 밝아집니다(22절). 건강한 눈은 한 쪽만 시선을 모을 수 있는 눈으로 온 마음을 다해 하나님을 향하는 태도를 의미합니다(신 6:4-5). 건강한 눈은 후하고 너그럽게 베풀 수 있는 마음을 상징합니다. 악한 눈은 인색함과 탐심으로 가득 찬 마음을 상징합니다(참조. 신 15:9). 어려운 사람을 위해 너그럽게 베풀 수 있는 사람은 하늘에 보물을 쌓는 사람입니다. 재물이 아니라 하나님을 주인으로 섬깁니다. 이렇게 너그러운 눈을 가진 사람의 몸은 빛처럼 밝아져 어두운 세상을 비춥니다. 반면 악한 눈의 사람은 몸이 어두워져 세상을 어둡게 만들고 자신도 파멸을 당할 수밖에 없습니다.

제자는 하늘 아버지를 신뢰하고 먹고 마시고 입는 문제 때문에 염려하지 말아야 합니다(25-34절). 목숨이 의식주보다 더 중요하기 때문입니다. 심지도 않고 거두지도 않는 새들도 하늘 아버지께서 돌보십니다. 들풀도 하늘 아버지께서 아름답게 옷을 입히십니다. "오늘 있다가 내일 아궁이에 들어갈 들풀도 하나님께서 이와 같이 입히시거든, 하물며 너희들을 입히시지 않겠느냐? 믿음이 적은 사람들아! 그러므로 무엇을 먹을까, 무엇을 마실까, 무엇을 입을까, 하고 걱정하지 말아라"(6:30-31, 새번역).

새와 들풀도 돌보시는 하늘 아버지께서 열심히 수고하는 자녀들을 돌보지 않겠습니까! 예수님은 제자들을 "믿음이 적은 사람들"이라고 평가하십니다. 믿음이란 하늘 아버지께서 자녀를 위해 행하실 것에 대한 신뢰입니다. "믿음이 적은 사람들"은 이런 신뢰가 약해 두려워합니다. 제자들은 기본적으로 믿음을 갖고 있으나 그들의 작은 신뢰가 커져야 염려하지 않게 됩니다. 제자들은 염려를 버리고 먼저 아버지의 나라와 아버지의 의를 구해야 합니다. 그러면 하나님께서 필요한 모든 것을 채워 주십니다.

> "그러므로 내일 일을 걱정하지 말아라. 내일 걱정은 내일이 맡아서 할 것이다. 한 날의 괴로움은 그 날에 겪는 것으로 족하다"(6:34, 새번역).

제자들이 염려하지 말아야 하는 근거는 아버지의 성품입니다. 내일이 오늘이 되어도 동일한 하늘 아버지께서 제자들을 자녀로 돌보시기에, 내일 벌어질 괴로움을 미리 염려할 필요가 없습니다. 하늘 아버지는 괴로움 자체를 없애 주실 수도 있고 괴로움을 견디는 힘을 주실 수도 있습니다. 자녀들이 믿어야 하는 하늘 아버지는 긍휼로 돌보시는 오늘의 아버지이시고 내일의 아버지이시기 때문입니다.

5. 형제와 자매에 대한 태도(7:1-12)

하늘 나라는 형제를 비판하는 나라가 아니라 사랑하고 환대하는 나라입니다(1-7절). 여기에서 비판이란 다른 사람을 성급하게 재판하는 태도를 말합니다. 남을 비판한 기준에 따라 자신도 평가 받게 될 것입니다. 형제의 눈 속에 있는 티를 보고 판단하면서 자기 눈 속에 있는 들보는 깨닫지 못하는 태도는 위선입니다. 여기서 위선은 스스로 속는 것, 즉 자기기만입니다. 신자들은 같은 아버지를 모신 형제와 자매이기 때문에 순례의 길을 걷는 과정에서 서로를 격려하고 허물을 고칠 수 있도록 긍휼의 마음으로 도와야 합니다. 완전을 지향하면서도 불완전한 현실을 인정하면서 더불어 성장해가야 합니다.

제자들은 높은 수준의 윤리적 요구를 받지만 하나님이 긍휼의 아버지라는 사실을 기억해야 합니다(8-11절). 구하고, 찾고, 두드릴 때 아버지는 반드시 응답하십니다(7-8절). 구하고 찾고 두드리는 행위는 아버지의 반응이 있기 때문에 가능한 행동입니다. 자녀 편에서는 아버지의 마음과 능력을 신뢰하기 때문에 아버지와 대화를 시도하고 어려움을 호소합니다. 아버지는 기도에 응답함으로 자녀와 대화하십니다. 한계가 있는 땅의 아버지도 자식에게 좋은 것으로 주려고 합니다. 한계가 없는 하늘 아버지께서 필요를 채워주시는 것은 지극히 당연합니다(11절). 필요를 채워주시는 하늘 아버지의 관심은 자녀와의 대화입니다. 하늘 아버지는 대화와 교제를 원하시므로 기도하도록 격려하십니다. 자녀는 신뢰심으로 간구하고 아버지는 신실하심으로 응답하시기 때문에 서로의 대화와 신뢰의 관계는 더욱 깊어집니다.

이웃 사랑은 남에게 대접받고 싶은 대로 대접하는 것입니다(12절). 12절은 '황금률'로 불립니다. 7-11절을 연결해 보면, 하나님은 긍휼의 아버지로서 자녀의 필요를 채워주시기 때문에 제자들은 필요한 것을 하나님께 구하고 이웃에 대해서는 사랑을 베풀어야 합니다. 내가 하고 싶지 않은 것을 남에게 강요하지 않는 것이 이웃 사랑입니다.

6. 세 가지 경고(7:13-29)

예수님은 세 가지 교훈으로 산상설교를 마칩니다. 예수님은 두 종류의 길, 두 종류의 나무, 두 종류의 집을 묘사하면서, 바른 선택을 하는 제자들이 되도록 경고하십니다. 첫째, 두 종류의 길이 있습니다(13-14절). 제자는 좁은 문을 통해 들어가야 합니다. 넓은 문을 통해 광활한 길로 가면 끝은 파멸이고 좁은 문을 통해 가는 험한 길의 끝은 생명이기 때문입니다. 제자들은 하늘 나라에 현재 들어가 있으나 예수님이 다시 오실 때까지 계속해서 걸어가야 합니다. 그 문은 좁고 그 길은 험합니다. 제자들은 들어가는 사람들의 숫자를 보기보다 길의 끝을 볼 수 있어야 합니다.

둘째, 두 종류의 나무가 있습니다(15-23절). 넓은 문으로 인도하는 사람들은 거짓 지도자들입니다. 그러나 예수님을 따르는 삶은 순례의 인생입니다. 순례자의 길은 당연히 척박합니다. 순례의 길에서 미래를 약속하는 거짓 지도자들의 길은 따라가기 쉽습니다. 이들은 선지자의 모습을 보이지만 실제로는 굶주린 늑대와 같습니다. 양의 옷으로 위장합니다. 늑대가 양으로 위장하는 목적은 양 무리 속에 자유롭게 돌아다니면서 양을 잡아먹기 위함입니다. 거짓 선지자들은 하나님의 뜻을 선포하지만 교회를 이득의 수단으로 삼는 양들의 포식자들입니다. 이들의 실체를 파악하는 일이란 쉽지 않습니다. 왜냐하면 양의 모습으로 해를 끼치지 않을 것 같이 보이고 영적인 권능을 행하고 예수님과의 친밀성을 입증하는 표시로 "주"를 두 번 부르기 때문입니다. 거짓 선지자를 분별하기 위해서는 삶이 맺는 열매를 보아야 합니다(16, 20절). 산상설교의 가르침을 열매로 맺지 않는 나무는 나쁜 나무입니다. 좋은 열매를 맺지 않는 나무는 찍혀 불에 던져집니다. 하나님의 자녀는 양처럼 순수하게 보이는 거짓 지도자들의 능력과 말에 속지 말아야 합니다. 사람들의 욕망을 채워주겠다고 약속하고 번영을 복으로 강조하는 사람을 피해야 합니다.

셋째, 두 종류의 집이 있습니다(24-27절). 지혜로운 사람은 자신의 집을 튼튼한 반석 위에 세웁니다. 예수님의 말씀을 듣고 순종합니다. 인생의 홍수가 닥쳐서 말씀에 뿌리 내리지 못하고 광활한 길로 가는 사람들을 심판할 날이 올 것입니다. 물질의 욕망을 채우고 싶은 사람들의 마음은 거짓 지도자들이 세력을 얻게 부추기는 역할을 합니다. 예수님의 말씀을 바르게 이해해야만 그 말씀대로 살지 못하는 거짓 지도자들을 분별할 수 있습니다.

생각과 삶 나누기

1.

왜 제자들은 염려하지 말아야 합니까(6:19-34)? 제자들은 염려하지 말고 무엇을 우선순위에 두어야 할까요(6:33)? 우리의 우선순위를 점검해봅시다. 어떤 것을 가장 염려하는지도 나누어 봅시다.

2.

인간관계에 있어서 황금률(7:12)의 의미는 무엇입니까(7:1-12)? 예수님의 세 가지 경고(7:13-29)는 우리 시대의 기독교에 어떤 의미가 있을까요?

질문 가이드

1.

제자들의 하나님은 필요를 아시고 채워주시는 아버지이시므로 염려하지 말아야 합니다. 염려하기보다 먼저 아버지의 뜻을 구하는 생활을 할 때 성부께서 필요를 채워주십니다. 하나님이 갚아주시는 은혜가 진정한 기쁨이고 응답입니다.

2.

받고 싶은 대로 대접하는 것이 예수님이 가르치신 인간관계의 기본 원리입니다. 필요한 것은 하늘 아버지에게 구해야 하며 사람은 요구의 대상이 아니라 섬김의 대상입니다. 산상설교를 삶으로 실천하지 않는 사람은 인생의 곤궁이 찾아 올 때 실패하게 됩니다.

예수님의 기적

마태복음 8:1-9:34

1. 예수님의 권위(8:1-15)

마태복음 8-9장은 예수님이 행하신 10개의 기적에 대한 기록입니다. 첫 번째로 예수님은 나병환자를 치유하십니다(8:1-4). 앞의 산상설교가 최고의 도덕성을 강조했다면, 나병환자의 치유는 최고의 긍휼을 드러냅니다. 나병환자는 환자 중 가장 비참한 처지에 놓인 사람이기 때문입니다. 나병환자는 정결한 공동체나 개인에게 절대 접근할 수 없었습니다. 사람을 만나면 접촉이 불가능하도록 "부정하다, 부정하다"를 외쳐야 했습니다(레 13:45-46). 살아 있으나 사실상 시체로 취급받았습니다(레 13; 민 12:12). 구약에서 나병은 사람이 치유할 수 없는 병이었습니다. 하나님만 치유하실 수 있는 불치병이었습니다.

본문의 나병환자는 예수님의 능력은 믿었으나, 부정한 자신을 치유하기 원하시는지 확신하지 못합니다. "주님, 하고자 하시면, 나를 깨끗하게 해주실 수 있습니다"(2절, 새번역). 예수님은 손을 뻗어 환부에 대는 것으로 그를 불쌍히 여기고 치유하기 원한다는 마음을 보여주십니다. "내가 원한다. 깨끗하게 되어라." 예수님은 부정에 감염되지 않고, 오히려 당신의 거룩함을 전달하십니다. 긍휼과 사랑의 능력이 부정의 힘을 이깁니다. 예수님은 하나님에게만 속한 능력을 행하시는 "권위"를 입증하십니다.

나병환자를 치유하신 예수님은 제사장에게 가서 나은 몸을 보여주고 모세가 명령한 예물(비둘기 두 마리)을 증거로 드리라고 말씀하십니다(레 14:2-9). 비둘기 한 마리를 잡아 피를 병에서 나은 사람에게 뿌립니다. 다른 한 마리는 산 채로 날려 보냅니다. 날아가는 새를 보면서 자신의 슬픔과 고통도 사라집니다. 나병은 죄가 아니지만 죄와 비슷한 속성을 갖고 있습니다. 예수님은 스스로는 결코 치유받을 수 없는 죄인들의 죄를 용서하시고 고통을 가져가십니다. 하나님께 나아가 예배할 수 있고 거룩한 공동체에 속할 수 있는 은혜를 주십니다.

이어서 예수님은 로마 백부장의 하인을 치유하십니다(5-13절). 백부장은 예수님의 말씀만으로도 하인이 치유받을 수 있다고 믿었습니다. 예수님의 "권위"를 믿는 백부장은 미래의 하늘 나라에서 믿음의 조상들과 식탁에 앉아 기쁨의 잔치를 즐길 것이라는 약속을 받습니다(11절). 예수님은 백부장의 믿음을 보시고 하인의 병을 치유하십니다. 예수님은 타인을 위해 간구하는 사람의 믿음을 사용해 연약한 사람의 문제를 해결하십니다.

그 이후에 예수님은 가버나움에 있는 베드로의 집에서 장모의 열병을 치유하십니다(14-15절). 열병은 가버나움과 같이 갈릴리 호숫가의 저지대에서 흔히 발생한 말라리아로 보입니다. 예수님은 이번에도 긍휼의 손으로 치유하십니다(15절). 예수님은 세 번의 치유 사건을 통해 당신의 권위를 보여주십니다. 치유의 권위를 가진 예수님께 믿음으로 나오는 자마다 정결하게 되고 하늘 나라의 잔치에 참여하는 은혜를 얻습니다.

2. 치유하는 고난의 종(8:16-22)

치유의 소식을 들은 사람들은 귀신 들린 자들을 많이 데려왔고, 예수님은 귀신들을 쫓아내시고 아픈 이들을 모두 치유해 주십니다(16절). 마태는 이사야 53:4를 인용해 치유하신 예수님을 고난의 종으로 소개합니다(17절). "그는 실로 우리가 받아야 할 고통을 대신 받고, 우리가 겪어야 할 슬픔을 대신 겪었다"(사 53:4, 새번역). 이사야 53장은 하나님의 뜻에 따라 많은 사람을 대신해 고난 받는 종의 인생을 묘사합니다. 마태는 치유하시는 예수님의 사역을 고난의 종에게 주어진 사역을 성취하신 것으로 해석합니다. 예수님은 이사야 선지자가 예언한 고난 받는 종으로서 약한 것을 취하고 질병을 짊어지셨습니다. 병의 본질은 고통입니다. 고난의 종으로 오신 예수님은 약한 자들의 고통을 짊어지셨습니다. 그분은 십자가의 고난을 통해 고통받는 인생을 회복하는 길을 여셨습니다.

치유 이야기들이 아름다워 보일 수 있으나 치유자인 예수님의 인생은 고난의 연속이었습니다. 이 사실을 알지 못하는 한 서기관은 어디든 예수님을 따르겠다고 약속합니다(19절). 여우나 새는 고정된 장소에서 쉬거나 잠을 자지만 예수님은 이곳저곳으로 이동하며 살아가고 있습니다. 어떤 제자가 아버지의 장례를 먼저 마치고 따르겠다고 합니다. 예수님은 죽은 자들이 죽은 자들을 장례하도록 맡기라고 말씀하십니다. 당시에 장례는 자녀에게 가장 중요한 의무와 경건 행위였으나 더 긴급하고 중요한 가치는 하늘 나라의 복음을 전해서 죽어가는 자들을 살리는 일 이라고 예수님은 가르치셨습니다.

3. 폭풍을 제압하고 죄를 용서하시는 예수님(8:23-9:8)

큰 광풍이 갑자기 몰아쳐 예수님과 제자들이 배를 뒤덮습니다(23-24절). 유대인들은 바다가 흔들리면 악한 세력이 자기를 집어 삼킨다고 생각했습니다. 제자들은 예수님을 깨우며 죽어가는 자신들을 살려달라고 애원합니다(24절). 예수님을 깨우면서도 그분의 권능이 바다를 잠잠하게 하는 정도인지는 알지 못합니다. 구약에서 하나님은 바다를 꾸짖으신 분으로 묘사됩니다(시 18:15; 104:7; 106:9; 사 50:2; 나 1:4). 구약과 유대교에서 바다는 혼돈의 세력이 나오는 출처로 묘사됩니다. 하나님은 이런 바다를 제압하는 분입니다(시 89:8-11; 107:23-30). 예수님이 바람과 바다를 꾸짖자 바다가 고요해집니다(26절).

제자들은 예수님이 도대체 누구이기에 바람과 바다가 그에게 복종하는지 놀랍니다(27절). 예수님은 제자들을 믿음이 작은 자들이라고 꾸짖으십니다. 폭풍을 제압하신 예수님은 누구입니까? 제자들은 예수님과 함께 있으면서도 그분이 보이는 세계와 보이지 않는 세계를 제압하시는 분이신 줄 알지 못했습니다. 예수님은 하나님의 권위로 제자들을 보호하시는 분입니다. 예수님이 폭풍 가운데서도 잠을 잘 수 있었던 것은 누구도 예수님을 위협할 수 없었기 때문입니다. 다시 말해서, 예수님은 우주에서 최고의 권위와 권능을 가진 분입니다. 그런데 그 예수님은 임마누엘, "우리와 함께 하시는 하나님"이십니다.

바다를 잠잠케 하신 이후, 이어서 예수님과 제자 일행이 갈릴리 바다의 동쪽에 위치한 데가볼리의 가다라 지방에 도착했을 때 일어난 사건이 소개됩니다(28-34절). 귀신 들린 두 명이 무덤에서 나와 예수님을 만나러 왔습니다. 귀신 들린 자는 몹시 위험했기 때문에 마을에서 쫓겨났습니다. 귀신들은 최후 심판의 때가 오면 심판을 받게 될 줄 압니다. 그러나 심판의 때가 아닌데 왜 예수님이 지금 이곳에 왔는지 따지고 묻습니다. 귀신들을 결박하는 일은 예수님의 권위로 지금 시작되고 있습니다.

자신들의 운명을 알아 챈 귀신들은 돼지 떼에 들어갈 수 있게 허락해 달라고 간청합니다. 돼지 떼는 물에서 몰사합니다. 그곳 사람들은 자신들의 생계 수단인 돼지가 희생되자 예수님에게 떠나 달라고 부탁합니다. 귀신들이 돼지 떼와 같이 물에 던져진 사건은 하늘 나라의 공격을 받아 사탄의 나라가 무너지고 있음을 의미합니다. 동네 사람들은 귀신 들린 자를 가치 없게 여겼으나 예수님은 그를 만나려고 바다 폭풍을 뚫고 이곳에 오셨습니다. 예수님은 귀신 들린 자를 회복시키시고 다시 돌아가십니다. 제자들은 이처럼 쓸모없이 보이는 사람도 천하보다 귀하다는 사실을 알아야 합니다. 효용 가치가 없어 보이는 사람을 위해 낭비처럼 보이는 희생을 감수하는 태도가 곧 하늘 나라 사역입니다.

그 다음 사건은 예수님이 가버나움에 돌아오시자 어떤 사람들이 침상에 누인 중풍병자를 데려왔을 때 일어난 사건입니다(9:1-8). 예수님은 그들의 믿음을 보십니다. 당시 많은 유대인들은 병이 죄에서 온다고 생각했습니다. 중풍병자도 자신의 병이 죄로 인해 생겼다고 생각했을 것입니다. 예수님은 중풍병자의 죄가 용서받았다는 사실을 선언하십니다. 이 말을 들은 서기관들은 예수님이 하나님을 모독한다고 생각합니다. 왜냐하면 유대인들은 하나님만이 죄를 용서하실 수 있다고 생각했기 때문입니다. 대제사장은 일 년에 한 번 대속죄일에 속죄 제사로 죄 용서를 선포할 수 있었습니다. 대제사장도 하나님의 권위로 죄 용서를 선포했을 뿐입니다.

반면 예수님은 자신에게 죄를 용서할 수 있는 권위가 있다고 선언하십니다. 예수님은 비판하는 자들을 향해 중풍병자의 죄가 용서받았다고 선언하는 것과 침상을 들고 걷도록 명령하는 것 사이에 어느 쪽이 더 쉬운지 질문하십니다. '실제로는' 하나님의 권한에 속한 죄 용서를 실행하는 것이 더 어렵습니다. 하지만 '말로는' 죄 용서를 선포하는 것이 더 쉽습니다. 병 치유는 금방 확인되지만, 죄 용서의 선언은 눈으로 확인할 방법이 없기 때문입니다. 예수님은 더 어려운 말을 사실로 증명함으로써 죄 용서의 선언이 허언이 아님을 증명하십니다. 하늘에서는 하나님이 죄를 용서하시고, 땅에서는 하나님의 권위를 받으신 예수님께서 인자로서 죄를 용서하십니다. 사람들의 눈에는 중풍병자의 근본 문제는 병입니다. 그러나 예수님은 죄 용서를 받는 것이 최우선임을 밝히십니다. 이제 죄 용서의 특권은 "사람들"에게 주어졌습니다. "사람들"은 교회를 의미합니다. 교회는 예수님의 죄 용서를 대행하는 사명을 받았습니다(5:21-26; 6:12, 14-15; 18:15-35).

4. 새 포도주와 새 부대(9:9-17)

예수님은 마태를 제자로 부르십니다. 마태는 즉시 따릅니다. 앞 단락의 중풍병자가 드러나지 않은 죄 문제를 가진 사람이라면, 마태는 사회가 정죄하는 죄인입니다. 예수님을 따르는 것이 구원의 길이므로 마태는 구원을 선물로 받았습니다. 구원받은 새로운 인생을 출발하는 마태는 예수님을 위해 만찬을 준비했습니다. 식사에는 죄인들과 세리들이 참석했습니다. 바리새인들은 죄인들이 모인 만찬에 참석한 예수님을 비난합니다. 예수님은 이렇게 대답하십니다. "의사는 건강한 사람이 아니라 아픈 사람에게 필요합니다." 의사는 환자에게 가까이 가야 자세히 병을 살피고 치유할 수 있습니다. 의사는 예수님을 가리키는 비유어입니다. 환자들은 세리들과 죄인들입니다. 건강한 자들은 예수님을 반대하는 바리새인들입니다. 바리새인들은 자신이 중증 환자인 줄 알지 못합니다.

예수님은 죄와 인생의 문제로 아픈 사람들을 치료하기 위해 오신 의사입니다. 이어서 예수님은 호세아 6:6을 인용해 죄인들에 대한 하나님의 마음을 강조하고 바리새인들의 문제를 지적하십니다. 바리새인들은 정결법의 전문가들로 죄인들과 세리들을 바이러스를 옮기는 부정한 자들로 정죄했습니다. 그러나 정결법과 같은 제사법의 정신은 '긍휼'입니다. 구원이 필요한 사람들을 불쌍히 여기지 않는 바리새인들은 제사의 정신과 본질인 긍휼을 알지 못합니다. 사람들을 향한 긍휼로 표현되지 않는 제사는 하나님 앞에 헛되고 거짓된 것입니다. 예수님은 긍휼이 필요한 죄인들을 찾으러 오셨습니다.

이 사건 이후에 세례 요한의 제자들이 예수님에게 와서 자신들과 바리새인들은 금식하는데 왜 그의 제자들은 금식하지 않는지 묻습니다(14절). 예수님은 신랑과 함께 있는 사람들은 금식할 이유가 없다고 말씀하십니다. 유대인들에게 있어서 결혼은 인생에서 가장 기쁜 순간이고 잔치입니다. 신랑은 예수님을 가리키는 비유어입니다(참조. 마

22:1-14).

예수님과 함께 있는 사람들은 결혼식 잔치에 초대받은 친구들이나 손님들입니다. 이들은 결혼을 축하하고 즐겨야 합니다. 그러나 신랑이 빼앗길 날이 옵니다. 그때는 친구들과 손님들도 금식합니다. 신랑을 빼앗긴다는 표현은 고난의 종을 묘사하는 이사야 53:8에 근거하고 예수님의 수난과 죽음을 의미합니다. 예수님을 믿는 사람들은 구원에 감사하는 생활을 하면서도 이런 기쁨이 그의 고난과 죽음을 통해 주어지는 것임을 잊지 않습니다.

예수님은 결혼의 그림에 이어 자신이 수행하는 사역의 특성을 언급하십니다(16-17절). 새 옷 조각은 탄탄합니다. 헌 옷에 새 조각을 붙이면 헌 옷이 찢어집니다. 새 조각은 예수님을 통해 확장되는 하늘 나라의 복음입니다. 헌 옷은 옛 시대의 관습입니다. 새 포도주를 헌 부대에 넣으면 부대가 터집니다(17절). 포도주도 허비하고 부대도 버려야 합니다. 새 포도주는 새 옷 조각과 마찬가지로 예수님을 통해 확장되는 하늘 나라의 복음입니다. 옛 부대는 유대교의 전통적인 틀입니다. 복음(새 포도주)은 완전히 새로운 원칙과 삶(새 포도부대)을 통해 실현됩니다.

5. 다윗의 아들을 통한 치유(9:18-34)

마태는 죽은 소녀가 살아나고 혈루증을 앓는 여자가 낫는 두 사건을 한 사건처럼 배열합니다(9:18-26). 두 사건은 믿음을 강조합니다. 어떤 유대인 관리가 예수님을 찾아와 죽은 딸을 살려주시길 간청합니다. 예수님은 그의 요청에 즉시 반응하십니다. 예수님의 일행이 관리의 집으로 이동하는 중에 혈루증을 앓는 여자가 예수님의 옷을 만집니다. 여자는 12년 동안 하혈로 고생했습니다. 몸에서 피가 흘러 여자는 부정한 사람으로 대우받아야 했습니다. 예수님은 옷자락을 만진 여자에게 안심하도록 격려하십니다. 그녀의 믿음을 칭찬하고 하나님의 "딸"로 부르십니다. 고립되고 소외된 인생을 살았으나 이제는 "딸"로 환영받습니다.

그러나 안타깝게도 예수님이 여자를 치유하고 관리의 집에 도착했을 때 딸이 죽고 말았습니다. 피리 불고 곡하는 사람들은 장례 절차를 맡았습니다. 예수님은 장례 절차를 중단시킵니다. 소녀가 죽지 않고 잔다고 말씀하십니다. 예수님의 말씀대로 죽은 소녀는 잠에서 깨듯 살아났습니다. 예수님은 소녀의 손을 잡고 일으켜 세웁니다. 예수님의 손은 긍휼과 능력을 상징합니다. 소녀의 아버지가 보여준 '믿음'에 대한 반응으로 예수님은 그 딸을 회복해주셨습니다. 이 순간 가장 기뻐할 사람은 딸의 부모입니다. 예수님은 가족의 회복과 기쁨을 소중히 여기십니다. 혈루증 여자를 하나님의 가족으로 맞이하셨고 소녀의 가족에게 기쁨을 선사하십니다.

이어서 시각 장애인 두 명이 예수님에게 치유를 간청합니다(9:27-31). 당시에 맹인이나 눈에 질병이 있는 사람은 제사장 직분을 수행할 수 없었고 하나님 앞에 제사를 위해 나올 수 없었습니다(레 21:17-18, 20). 이사야 선지자는 맹인의 치유를 종말의 회복을 보여주는 증거로 예언했습니다(사 35:5-6). 두 시각 장애인은 이런 약속이 예수님을 통해 성취될 줄 믿고 예수님을 "다윗의 아들"로 부릅니다. 절박하게 치유를 간청합니다. 예수님은 그들의 믿음대로 되라고 말씀하십니다. 그들의 눈을 만져 치유하셨습니다. 믿음은 예수님의 권능을 믿는 '신뢰'입니다. 치유하는 다윗의 아들의 능력을 신뢰하는 사람은 인생의 문제를 해결 받을 수 있습니다.

예수님의 일행이 밖으로 나가자 사람들이 귀신 들려 말 못하는 사람을 데려왔습니다(32절). 이사야 선지자는 종말에 듣지 못하고 말하지 못하는 사람이 치유받는 기적을 예상했습니다(사 35:5-6). 무리가 광경을 보고 놀라는 반면 바리새인들은 예수님이 귀신의 왕을 의지해 귀신을 쫓아냈다고 비난합니다(33-34절; 참조. 12:22-24; 21:14-16). 바리새인들은 예수님의 능력을 인정하지만 사탄이 그런 능력을 주었다고 비판합니다. 그러나 예수님의 치유는 하늘 나라가 실현되고 사탄의 나라가 무너지고 있음을 보여주는 증거입니다.

생각과 삶 나누기

1.

나병환자는 어느 정도의 확신을 갖고 예수님에게 왔습니까(8:1-4)? 그는 왜 깨끗하게 해 달라고 요청했을까요? 예수님은 왜 나병환자의 몸에 손을 대고 치유를 선언하셨을까요? 산상설교를 통해 예수님이 높은 수준의 윤리를 가르친 장면 직후 나병환자의 치유를 배열한 것은 무슨 의도일까요? 우리 가운데 멸시 받는 이는 누구입니까? 우리는 예수님의 제자로서 그들을 어떻게 대해야 할까요?

2.

왜 예수님은 많은 환자들을 치유하십니까(8:16-22)? "고난 받는 종"이신 예수님의 치유 행위는 아픈 사람들에게 어떤 의미가 있을까요? 우리에게 예수님의 치유는 어떤 의미가 있을까요? 고난받는 종이신 예수님을 믿는 우리는 어떻게 살아야 할까요?

3.

왜 제자들은 광풍을 잠잠하게 만드신 예수님을 보고 놀랐을까요(8:23-27)? 주변부 인생에 대한 사람들의 입장과 예수님의 관점은 어떻게 다릅니까(8:28-34)? 두 사건이 묘사하는 예수님은 어떤 분입니까? 나에게 예수님은 어떤 분이십니까? 여러분에게 온 광풍은 무엇인가요?

4.

예수님이 세리들과 죄인들과 식사하신 이유는 무엇입니까(9:9-17)? 신앙 공동체는 어떻게 새 부대가 될 수 있을까요? 우리 공동체는 새 부대의 역할을 하고 있습니까?

질문 가이드

1.

나병은 구약에서 하나님만 고칠 수 있는 불치병입니다. 본문의 나병환자는 하나님의 능력이 예수님에게 있음을 믿었으나 제의적으로 부정한 자신을 예수님이 깨끗하게 씻어주기 원하시는지 질문합니다. 예수님의 마음은 손을 통해 환자의 몸에 전달됩니다. 예수님이 요구하시는 윤리는 하늘처럼 높지만 그의 긍휼은 가장 낮은 자에게까지 표현됩니다. 누구든지 긍휼의 예수님에게 나오는 자는 치유받고 환영받습니다.

2.

예수님은 이사야 선지자가 예언한 "고난받는 종"으로 환자들의 아픔을 지고 가십니다. 병과 문제로 고통을 겪는 사람들에게 예수님은 위로와 용기가 됩니다.

3.

바다의 광풍을 제압하는 것은 하나님의 고유한 행위였기 때문에 제자들은 예수님의 능력을 보고 그가 누구인지 질문을 던지게 됩니다. 우리가 의지해야 할 대상은 하나님의 권능을 가지신 예수님입니다. 예수님을 의지하지 않을 때 불안이 급습합니다. 예수님은 사회에서 효용가치가 없는 한 사람을 치유하려고 바다를 왕래하셨고 2천 마리의 돼지보다 소중한 생명으로 여기셨습니다.

4.

예수님은 영혼의 의사이기 때문에 여러 문제로 고통 중에 있는 환자들을 찾아가십니다. 가장 친밀한 관계를 의미하는 식사에 참여하십니다. 긍휼과 환대를 중심에 둔 체계가 하늘 나라의 복음을 담을 수 있는 새 부대입니다.

제자들의 파송

마태복음 9:35-10장

1. 복음을 선포하는 목적 : 제자들을 보내시는 이유 (9:35-38)

예수님은 가르침과 치유로 하늘 나라의 복음을 전하셨습니다(9:35). 복음을 선포하시는 이유는 사람들이 목자 없는 양과 같이 고생하기 때문입니다. 목자가 없는 양은 길을 헤매다가 바닥에 쓰러지거나 주저앉게 됩니다. 목자 노릇을 해야 하는 서기관들과 바리새인들은 백성에게 전통의 무거운 짐을 지웠습니다. 목자이신 예수님은 양을 회복하기 위해 목숨을 버리기까지 헌신하십니다(참조. 2:6; 10:6, 16; 14:14; 15:24, 32; 18:12.14; 25:32). 이는 흩어진 양떼를 모을 목자가 나타날 것이라는 예언의 성취입니다(렘 50:6; 겔 34:6, 12). 예수님은 목자 없는 양떼처럼 쓰러지는 백성의 현실을 보면서 추수의 때를 내다보십니다. 불쌍한 사람들이 많은 것은 지금이 추수, 즉 회복의 때라는 뜻입니다. 예수님은 제자들에게 추수할 것이 많지만 일꾼이 적기 때문에 추수하는 주인에게 일꾼들을 보내달라는 요청을 하라고 가르치십니다. 추수의 주인은 하나님이고 제자들은 추수에 참여하는 일꾼들입니다. 추수하는 일꾼에게 요구되는 첫 번째 성품은 지친 사람들을 불쌍히 여기는 마음입니다.

2. 이스라엘에 파송받는 열두 제자(10:1-23)

예수님은 추수할 일꾼들로 열두 명을 사도를 세우십니다(1-4절). 유대 개념에서 "사도"(샬리아흐)는 '보냄받은 자'라는 뜻입니다. 사도는 보낸 자의 '권위'를 가지고 임무를 대행하는 사람이기에 보낸 자와의 '관계'를 기억하고 있어야 합니다. 예수님은 열두 사도에게 더러운 귀신을 쫓아내고 병을 치유하는 일을 맡기십니다. 이는 예수님이 행하신 기적과 같습니다. 사도들은 예수님이 행하신 일과 예수님의 삶을 실천하는 사명을 받았습니다.

예수님은 사도들에게 전도를 위한 지침을 내리십니다(5-15절). 첫째, 열두 제자는 이스라엘 집의 잃어버린 양에게로 보냄받았습니다(5-6절). 구원 역사에는 순서가 있습니다. 먼저 제자들은 이스라엘을 선교 대상으로 삼지만 예수님의 부활 이후 모든 민족에게 보냄받을 것입니다. 둘째, 제자들은 하늘 나라가 가까이 왔음을 전파하고 치유하는 사명을 수행합니다(7-8절). 그들에게 주어진 치유의 능력은 거저 받은 선물이므로 사명을 수행하면서 대가를 받지 않아야 합니다. 셋째, 선교 사명을 수행하는 제자들은 하나님을 신뢰해야 합니다(9-10절). 사람들은 하나님에게 먹고 사는 문제를 맡기고 사명을 수행하는 제자를 통해 하나님을 만납니다.

넷째, 예수님은 제자들의 사명에 대한 반응과 결과를 예고하십니다(11-15절). 제자는 복음을 영접한 가정에 들어가서 다른 가정의 환대와 비교하지 말고 그 가정에 평화가 임하도록 기도합니다. 그 집에서 평화를 거부하더라도 평화는 사라지지 않고 제자들에게 돌아옵니다. 그만큼 제자들의 말에는 권위가 있습니다(참조. 사 55:11). 배척하는 사람들이 생긴다고 해서 좌절할 필요가 없습니다. 제자들이 전한 평화는 사라지지 않고 자신들에게 그대로 돌아올 것이기 때문입니다. 제자들의 생애가 가난하고 소외된 것처럼 보일지라도 결코 실패한 인생이 아닙니다. 제자는 하나님이 존귀하게 여기시는 인생입니다.

예수님은 제자들을 파송하시는 것이 양들을 늑대들에게 보내시는 것과 같다고 말씀하십니다(16절). 늑대가 양을 위협하고 잡아먹듯이 복음을 반대하는 자들이 제자들을 핍박할 것입니다. 제자들은 위협이 도사리는 세상에서 뱀처럼 지혜롭고 비둘기처럼 순결해야 합니다. 은밀하게 기다리다가 먹잇감을 정확한 때에 잡아먹는 뱀처럼, 제자들도 험한 세상에서 신중하고 지혜롭게 복음을 전해야 합니다. 뱀처럼 지혜가 있어야 하지만 독을 뿜지 않고 비둘기처럼 순결해야 합니다. 제자들에게는 영민한 정치적 기술이 아니라 가식이 없는 순수함이 필요합니다. 제자들이 아무리 뱀처럼 지혜롭게 행동을 한다고 해도 핍박을 당하는 현실에 처하게 됩니다(17절).

제자들은 사람들의 위협을 느낄 때 어떻게 변호할 것인지 두려워하지 말아야 합니다. 하나님이 할 말을 주실 것이기 때문입니다. 특히 성령 하나님은 위기와 어려운 때 제자들을 도와주십니다. 가족에게도 미움을 받는데 다른 사람들에게 미움을 받는 것은 당연합니다. 미움을 받을 때 세상과 가족이 미워하는 대상은 제자들이 아니라 예수님입니다. 제자들은 예수님이 인자로 재림하실 때까지 복음을 전하는 사명을 받았습니다. 예수님이 다시 오시기 전까지 제자들은 핍박을 받아 이 동네 저 동네로 피할 것입니다(23절). 피하는 과정에서 복음을 여러 곳에 증언하게 됩니다. 그러나 제자들이 이스라엘의 모든 동네에 다니기 전에 예수님이 오실 것입니다. 달리 표현하자면, 예수님의 첫 제자들은 예수님이 오시기 전에 팔레스타인에 피난처를 삼지 못하고 그곳을 떠날 것입니다.

3. 복음을 선포하는 가운데 만나게 될 일(10:24-33)

예수님은 모든 시대의 제자들에게 가르치십니다(10:24-42). 먼저 예수님은 제자들이 핍박을 받을 수밖에 없는 이유를 설명하십니다(24-25절). 종교 지도자들이 예수님을 사탄을 가리키는 바알세불로 불렀기 때문에 제자들도 더 좋은 대우를 기대할 필요는 없습니다.

제자들에게 핍박이 닥쳐 올 것이지만 두려워하지 말아야 하는 세 가지 이유가 있습니다(26-31절). 첫째, 하나님이 숨겨진 것을 드러내실 것이기 때문에 두려워하지 말아야 합니다(26-27절). 마지막 날에 하나님은 복음을 반대하는 사람들의 모든 행위를 드러내실 것입니다. 또한 하늘에 감추어진 비밀도 드러나게 되고 제자들의 행위가 옳았다고 인정받게 될 것입니다. 제자들은 모든 민족을 향해 하나님의 구원 계획을 전하는 사명을 담대하게 수행해야 합니다.

둘째, 제자들은 몸을 죽일 수 있어도 영혼을 죽일 수 없는 인간이 아니라 영혼과 몸을 지옥에서 멸하실 수 있는 하나님을 두려워해야 합니다(28절). 셋째, 하나님이 돌보시므로 제자들은 두려워하지 말아야 합니다(29-31절). 하나님은 제자들을 섬세하게 돌보시는 아버지입니다. 값싼 참새 한 마리도 아버지의 허락 없이는 땅에 떨어지지 않습니다. 제자들은 참새와 비교할 수 없이 존귀한 자녀들입니다. 제자들의 아버지가 되시는 하나님은 제자들의 머리카락 수를 다 알고 계십니다(30절). 머리카락 한 가닥이 바닥에 떨어지는 것은 당사자 자신도 감지하지 못하게 일어납니다. 그만큼 하나님은 제자들을 섬세하게 돌보고 계십니다. 하나님은 자녀의 삶에 한시도 눈을 떼지 않으십니다.

제자는 인생의 불행처럼 느껴지는 일들이 일어난다고 할지라도 하나님이 보살피고 계신다는 사실을 신뢰해야 합니다. 아버지의 관심과 보호 가운데 있는 제자들은 하늘의 재판을 두려워하고 지상의 재판에 굴복하지 말아야 합니다(32-33절). 이 땅에서 행한 것에 대해 제자들은 하늘 법정에서 결산을 받습니다.

4. 예수님의 길과 제자의 길(10:34-42)

예수님은 자신이 이 땅에 오신 목적을 설명하면서 제자의 길을 정확히 이해할 수 있게 도와주십니다(34-39절). 예수님은 평화가 아니라 칼을 가지고 오셨습니다. 제자들은 평화를 전하고 있으나 하늘 나라가 완성되기 전에는 저항이 공존합니다. 예수님보다 아버지나 어머니를 사랑하는 자, 예수님보다 아들이나 딸을 사랑하는 자는 예수님에게 합당하지 못합니다. 가족은 참으로 소중한 선물이지만 절대적인 가치인 예수님과 비교하면 상대화됩니다. 자기 십자가를 지고 예수님을 따르지 않는 사람은 예수님에게 합당하지 않습니다. 예수님은 "나를 위해"를 사용해 제자가 예수님 때문에 목숨을 잃을 수 있는 가능성을 언급하십니다. 사람의 운명은 땅의 삶으로 끝나지 않습니다. 예수님 때문에 목숨을 잃은 사람은 종말에 반드시 생명을 얻게 됩니다.

제자들을 영접하는 것은 예수님을 영접하는 것이고 예수님을 영접하는 것은 예수님을 보내신 하나님을 영접하는 것입니다(40절). 제자들을 환영하는 사람은 그들이 선포하는 하늘 나라의 도래를 경험할 수 있습니다. 선지자와 의인의 역할을 하는 사람을 선지자와 의인으로 인정하면 선지자와 의인이 받을 보상을 받습니다. 제자의 이름으로 "작은 자 중 하나"를 영접하면 결코 보상을 잃지 않습니다. 작은 자는 사회적으로 낮은 지위의 사람을 가리킵니다. 예수님의 부활 이후 제자들은 복음을 전하는 과정에서 작은 자로 살게 됩니다. 냉수 한 잔이 필요한 신세가 됩니다. 이런 제자를 환대하는 사람은 예수님을 만나게 되고 예수님의 상을 얻습니다(41-42절). 말하자면, 작은 자는 사람들이 임마누엘("우리와 함께 하시는 하나님")을 만날 수 있는 통로입니다. 제자는 자신과 함께 하시는 하나님(임마누엘)을 믿어야 할 뿐 아니라 자신에게 다가오는 작은 자와 함께 하시는 하나님(임마누엘)을 인정해야 합니다.

생각과 삶 나누기

1.

예수님은 왜 선교가 필요하다고 말씀하십니까(9:35-38)? 우리 시대의 사람들은 어떤 점에서 목자 없는 양떼와 같고 회복될 수 있는 길은 무엇일까요? 사람들을 인도하는 자들에게 요구되는 가장 중요한 덕목이 무엇일까요? 우리의 삶은 회복케 하는 삶입니까?

2.

예수님이 열두 제자를 "사도"로 칭하신 이유가 무엇일까요(10:1-4)? 파송받는 사도들이 최우선적으로 생각해야 할 원리는 무엇일까요(10:5-23)? 우리를 부르신 이가 예수님이라는 사실은 우리에게 어떤 위로가 됩니까?

3.

복음을 전하는 제자들이 두려워하지 말아야 하는 이유는 무엇입니까(10:24-33)? 참새와 머리카락의 비유를 통해 예수님은 무엇을 가르치십니까? 우리는 세밀하게 우리의 삶을 돌보시는 하나님을 경험하면서 살아가고 있습니까?

4.

제자의 이름으로 "작은 자 중 하나"를 영접하는 행위가 왜 중요합니까(10:34-42)? 왜 작은 자소자를 영접하는 행위가 "임마누엘"을 경험하는 것이 되며, 이는 우리의 신앙생활과 관련해 어떤 의미가 있습니까? 혹시 우리는 우리보다 더 높은 사람들만 영접하고 있지는 않습니까? 우리가 영접해야 할 작은 자는 누구입니까?

질문 가이드

1.

예수님은 당시 백성을 목자의 인도를 받지 못해 길을 헤매는 양떼로 보셨습니다. 그들에게는 연약함을 이해하고 불쌍히 여기는 마음과 책임감을 가진 목자가 필요했습니다. 우리 시대에 진정으로 의지할 대상을 찾지 못하는 사람들은 길을 잃은 양과 같습니다. 의지할 사람들을 인도하는 자들에게는 목자의 심정이 가장 중요한 덕목입니다.

2.

제자가 사도로 지칭되는 것은 보낸 자와 보냄받은 자의 '관계'가 중요하기 때문입니다. 제자들은 그들을 파송한 예수님과의 관계를 기억해야 합니다.

3.

복음을 전하는 제자들은 땅의 세력보다 하늘 아버지를 두려워해야 하고 보호하시는 하늘 아버지를 신뢰해야 합니다. 참새와 머리카락의 비유는 하늘 아버지의 보호하심과 섬세한 돌보심을 강조합니다.

4.

우리는 예수님이 세상에서 영광을 얻은 사람과 함께 하시는 줄로 생각하고 보잘 것 없어 보이는 신자에게는 예수님의 개입과 임재가 없다고 평가하기 쉽습니다. 그러나 우리와 함께 하시는 예수님은 작은 자와도 함께 하십니다. 내가 작은 자를 영접할 때 예수님을 만날 수 있습니다.

하늘 나라로의 초대

마태복음 11-12장

1. 세례 요한과 예수님(11:1-15)

마태는 예수님에 대한 요한의 오해와 그리스도의 일을 말합니다
(11:1-6). 요한은 예수님이 행하신 일이 자신이 기대한 "오실 자", 메시
아의 일과 다르다고 생각했습니다. 요한은 메시아가 와서 알곡과 쭉
정이를 나누듯 의인에게 복을 주고 악인을 심판할 줄로 생각했습니
다. 그러나 여전히 악한 자들이 지배하고 있습니다. 요한 자신도 여전
히 감옥에 있습니다. 예수님은 요한에게 맹인들이 치유 받고(9:27-31)
못 걷는 사람이 회복되고(9:1-8) 나병환자를 깨끗하게 되고(8:2-4) 듣
지 못하는 사람이 듣고(9:32-34) 죽은 자가 살아나는 소식(9:18-26)
을 알려주십니다. 이 모든 기적은 구약에서 예언된 일입니다(사 25:8,
29:18-19, 35:5-6, 61:1-2). 예수님은 하늘 나라의 복음이 실현되고 있
음을 희년을 묘사한 이사야 61장을 근거로 설명하십니다. 희년의 핵
심은 해방과 자유입니다. 그 해방과 자유가 실현되고 있습니다. 약속
된 희년을 실현하는 것이 그리스도의 일입니다.

예수님은 요한이 누구인지 직접 설명하십니다(7-15절). 사람들이 광
야에 간 목적은 갈대를 구경하거나 하거나 화려한 옷을 입은 높은 지
위의 사람들을 만나기 위함이 아니었습니다. 선지자를 만나러 갔습니
다. 요한은 선지자입니다. 하나님 나라를 가지고 오신 예수님과 같은
시대에 살고 있는 점에서 요한은 다른 선지자들보다 큽니다. 요한은
예수님의 길을 준비하는 사명을 받았습니다(참조. 3:3; 출 23:20, 22;
말 3:1). 요한은 여자들이 낳은 사람들 가운데서 가장 위대한 인물입
니다. 요한은 약속의 시대와 성취의 새 시대를 잇는 교량 역할을 합니
다. 그는 옛 시대의 마지막 인물이면서 새 시대를 시작하는 메시아의

전령입니다. 그런데 구원 역사의 관점에서 보면, 이제 하늘 나라가 강력하게 임하기 시작했기 때문에 이 나라의 혜택을 누리는 사람은 요한보다 더 큽니다. 그만큼 예수님을 통해 세상에 임한 하늘 나라는 놀라운 가치를 지니고 있습니다.

유대인들은 하늘 나라의 성격을 알지 못하기에 요한과 예수님이 선포하는 하늘 나라의 복음을 인정하지 않고 두 사람을 공격합니다. 그래서 하늘 나라는 세례 요한의 때부터 지금까지 하늘 나라는 고통을 겪고 있습니다(12절). 폭력을 행사하는 자들은 요한과 예수님을 공격함으로 하늘 나라의 복음에 저항합니다. 만일 사람들이 요한을 돌아온 엘리야로 알았다면 그를 존중하고 뒤이어 등장한 예수님이 누구신지 알았을 것입니다. 요한은 선지자들처럼 고난과 죽음에 이르게 됩니다. 이와 같이 하늘 나라의 특징은 고난입니다. 요한과 예수님 이래로 고난은 역설적으로 하나님 나라가 도래했음을 보여주는 중요한 증거였습니다. 그러므로 하늘 나라의 복음을 전하는 신자는 고난을 이상하게 생각할 필요가 없습니다.

2. 이 세대의 반응과 제자들의 반응(11:16-30)

예수님은 이 세대가 요한과 자신에게 무엇을 요구하고 어떻게 반응했는지 비유로 설명합니다(16-19절). 이 세대는 시장에 앉아서 다른 어린이들을 부르는 어린이들과 같습니다(16절). 한 쪽의 어린이들은 다른 쪽 친구들에게 춤을 추도록 피리를 연주하고 울도록 애곡했습니다(17절). 피리를 연주하고 애곡하는 어린이들은 악한 세대를 가리킵니다. 이 세대는 요한과 예수님이 자신들의 놀이에 참여하지 않는 것으로 불평합니다. 춤을 추기보다 금욕적인 삶을 산 요한에 대해 불만을 품었습니다. 울기보다 구원의 잔치와 같은 분위기로 반응하는 예수님을 비판했습니다(9:14-17). 이처럼 악한 세대는 그들이 원하는 대로 반응하지 않는 이유로 요한과 예수님의 활동에 불만을 품었습니다. 예수님은 구약에 언급된 '지혜'입니다. 사람들의 불만과 비판에도 불구하고 '지혜'이신 예수님은 자신의 행위가 옳았음을 인정받을 것입니다(19절).

예수님에게 부정적으로 반응한 대표적인 도시는 가버나움과 고라신입니다(20-24절). 갈릴리에 있는 이 두 도시에서 예수님은 기적을 가장 많이 행하셨습니다. 가버나움과 고라신은 예수님의 기적을 보았지만 회개하지 않습니다. 그 결과는 심판입니다. 메시아의 일하심을 체험하고도 그를 믿지 않는 죄는 교만입니다. 하늘에까지 올라가려고 할 만큼 교만한 바벨론이 음부에 떨어졌던 것처럼(사 14:13-15) 가버나움도 음부에 보내질 것입니다(23절). 음부는 하나님과 예수님을 믿지 않은 사람들이 죽어서 가는 영적인 장소를 상징합니다.

오만한 가버나움과 반대로 어린 아이처럼 예수님의 말씀을 받아들인 제자들은 하늘에 속하는 복을 얻었습니다(25-27절). 예수님은 하나님께서 계시를 어린 아이들에게 계시하신 것을 감사합니다. 지식이나 선입견을 버리고 겸손하게 예수님의 말씀에 귀를 기울인 제자들은 계시를 깨닫게 됩니다. 예수님은 하늘에 계셨던 분이므로 하늘에 있는 하나님 아버지의 뜻을 아십니다. 아들을 통하지 않고는 아버지를 알 수 없습니다. 제자 공동체는 어린 아이들로서 예수님에 대한 지식을 아는 구원의 공동체입니다.

예수님은 수고하고 무거운 짐을 지고 가는 사람들을 안식으로 초대하십니다(28-30절).

> "수고하며 무거운 짐을 진 사람은 모두 내게로 오너라. 내가 너희를 쉬게 하겠다. 나는 마음이 온유하고 겸손하니, 내 멍에를 메고 나한테 배워라. 그리하면 너희는 마음에 쉼을 얻을 것이다. 내 멍에는 편하고, 내 짐은 가볍다"(11:28-30, 새번역).

예수님의 멍에를 메고 배우는 사람은 쉼을 얻습니다. 예수님의 멍에는 가르침을 의미합니다. 왜 예수님의 가르침을 따르면 안식을 얻습니까? 예수님은 온유하고 겸손하시기 때문입니다. 고난과 수치의 정점인 십자가에까지 낮아진 예수님 안에서 우리는 안식을 얻습니다. 예수님의 멍에는 적합하고 그의 짐은 가볍기 때문입니다. "쉬운"(개역개정)으로 번역되는 헬라어 크레스토스는 '좋은', '적합한'의 의미에 가깝습니다. 예수님의 멍에는 우리의 인생에 가장 적합합니다. 예수님을 배우는 길이 때로는 어렵지만 낮아져 희생하신 사랑 때문에 무거운 인생의 짐이 가볍게 느껴집니다.

3. 인자는 안식일의 주인이니라(12:1-21)

바리새인들은 제자들이 안식일에 이삭을 잘라 먹은 문제로 예수님에게 따집니다(1절). 바리새인들은 밀 이삭을 잘라 먹는 것 자체는 문제가 되지 않지만 '안식일'에는 그런 행위가 금지된다고 판단합니다. 예수님은 제자들의 행위에 문제가 없다고 논증하십니다. 다윗은 하나님의 집, 곧 하나님의 전성막에 들어가서 제사장의 음식인 진설병을 안식일에 먹었습니다. 다윗은 안식일에도 생명을 위협하는 배고픔의 문제는 해결될 수 있다고 이해했습니다. 후대 유대인들은 안식일에 행한 다윗의 행위를 문제 삼지 않았습니다.

다윗보다 크신 예수님은 하늘 나라의 일을 하는 제자들이 안식일에 배고픔의 문제를 해결한 행위를 변호하십니다. 이어서 성전과 자신의 관계를 통해 제자들의 행위를 정당화하십니다. 안식일보다 제사가 크고 제사보다 긍휼이 큽니다. 긍휼은 안식일의 규례보다 크고 제사의 정신입니다. 예수님은 제자들의 행위를 긍휼의 원리에 따라 평가하십니다. 호세아 6:6을 인용해서 긍휼을 원하시는 하나님의 뜻을 오해한 바리새인들의 문제를 지적하십니다. 긍휼은 어려움에 처한 사람들을 불쌍히 여기는 태도입니다. 바리새인들은 제사를 강조했으나 배고픈 제자들의 상황을 불쌍히 여기지 못했습니다. 그들은 하나님의 마음을 이해하지 못한 자들입니다. 하늘 나라의 특징은 제사가 아니라 긍휼입니다. 긍휼은 안식일보다 더 중요한 문제입니다.

예수님은 한쪽 손에 장애가 있는 사람을 안식일에 회복하십니다 (9-13절). 양 한 마리가 구덩이에 빠진 것을 보고도 지나칠 사람은 없습니다. 사람이 양보다 훨씬 귀한 존재이므로 안식일에 사람을 회복하는 일은 선한 행위입니다. 안식일은 하나님이 창조하신 생명이 쉼을 누리고 즐거워하는 날입니다. 안식일은 신체의 장애로 안식을 누리지 못한 인생이 치유받기에 가장 적합한 날입니다. 예수님은 긍휼이 필요한 자를 치유하심으로써 유대인들이 왜곡한 안식일의 의미를 회복하십니다. 이 사건을 계기로 바리새인들은 예수님을 죽일 음모를 계획합니다. 예수님은 자신의 목숨보다 불쌍한 인생의 회복을 더 중시하십니다.

> "이것은 예언자 이사야를 시켜서 하신 말씀을 이루시려는 것이었다. '보아라, 내가 뽑은 나의 종, 내 마음에 드는 사랑하는 자, 내가 내 영을 그에게 줄 것이니, 그는 이방 사람들에게 공의를 선포할 것이다. 그는 다투지도 않고, 외치지도 않을 것이다. 거리에서 그의 소리를 들을 사람이 없을 것이다. 정의가 이길 때까지, 그는 상한 갈대를 꺾지 않고, 꺼져 가는 심지를 끄지 않을 것이다. 이방 사람들이 그 이름에 희망을 걸 것이다'"(마 12:17-21, 새번역).

마태는 안식일의 치유 사건을 이사야 42장 1-4절의 성취로 이해합니다(마 12:17-21). 하나님의 종에게 성령께서 임하셨고 종은 "공의"를 선포합니다. 공의 또는 정의는 혼돈을 질서로 바꾸거나 잘못된 질서를 바르게 회복하는 것을 의미합니다. 이런 정의는 예수님이 안식일의 치유를 통해 실현하신 '회복'으로 실현됩니다. 종이 싸우지 않고 외치지 않는 모습은 평화의 활동을 의미합니다. 예수님은 낮고 겸손한 종으로 회복의 일을 행하십니다. 상한 갈대와 같고 연기 나는 심지와 같이 효용 가치가 없어 보이는 사람을 회복하십니다. 종은 결국 승리합니다. 회복을 가져온 메시아를 이방 나라들이 고대하게 됩니다.

4. 예수님과 바알세불(12:22-37)

예수님이 귀신 들려 보지 못하고 말하지 못하는 한 남자를 치유하자 놀란 무리는 예수님을 "다윗의 아들"이라고 말합니다. 바리새인들은 예수님이 귀신들의 왕인 바알세불의 힘으로 귀신을 쫓아냈다고 비난합니다. 그러나 귀신이 쫓겨나는 사건은 사탄의 나라가 무너지고 있음을 보여주는 증거입니다. 사탄의 졸개들인 귀신들을 사탄의 힘으로 쫓아낸다는 것은 모순입니다.

예수님은 성령의 힘으로 귀신을 쫓아내셨습니다. 사탄을 결박해야 사탄의 집에서 사람들을 구원해 내기 때문에 예수님의 구원 행위는 사탄을 결박하는 것과 같습니다. 사탄은 눈에 보이지 않지만 세상을 장악하고 있었습니다. 예수님이 오시자 사탄의 견고한 결박이 풀리기 시작했습니다. 주기도문의 내용처럼 예수님이 땅에서 행하신 일(귀신 축출)을 통해 하늘에 있는 뜻(사탄의 결박)이 성취됩니다. 예수님은 여러 문제로 결박당한 사람들을 해방하고 회복하러 오셨습니다.

예수님의 엄청난 행위를 목격하고도 예수님과 함께 하지 않는 자는 흩어질 것입니다. 흩어진 백성(양떼)을 모으는 것은 이사야서에 나오는 종의 사명입니다(사 49:5, 24-25). 양떼를 모으는 예수님과 함께 하지 않는 자들에게는 회복과 구원이 없습니다. 예수님과 함께 하는 사람은 회복을 경험할 수 있습니다.

예수님은 바리새인들의 비판에 대해 매우 심각하게 경고하십니다(31-37절). 성령에 대한 신성모독은 용서받지 못합니다. 귀신을 쫓아내는 성령의 사역을 사탄의 일로 규정하는 것은 하나님 나라의 운동 전체를 의도적으로 반대하는 태도입니다. 하나님의 구원 사역을 사탄의 행위로 평가해버리면 구원을 얻을 기회를 스스로 거부하게 됩니다. 결국 구원의 혜택을 얻을 수 없습니다.

바리새인들은 열매를 맺을 수 없는 나쁜 나무들입니다. "나무가 좋으면 그 열매도 좋고, 나무가 나쁘면 그 열매도 나쁘다. 그 열매로 그 나무를 안다"(33절, 새번역). 성령의 활동을 사탄의 행위로 이해한 바리새인들은 나쁜 나무입니다. 그들은 독사의 자손으로 독한 말을 내뱉습니다. 독사는 독을 내뿜어 상대방을 마비시키고 심지어 죽이기까지 합니다. 그들은 자신들이 내뱉은 무익한 말을 계산해야 할 때가 올 것입니다. 예수님의 치유와 축귀 사역을 사탄의 힘으로 한 것이라고 평가한 그들의 말은 심판을 받게 될 것입니다. 모든 사람은 하나님의 심판대에 서게 되고 일생 동안 어떤 말을 쏟아 냈는지 평가를 받게 될 것입니다.

5. 표적을 구하는 악한 세대(12:38-50)

서기관들과 바리새인들이 예수님에게 표적을 요구합니다(38절). 표적은 하나님이 함께 하시는 증거를 말합니다. 예수님은 이들을 악하고 음란한 세대로 규정하십니다. 음란은 하나님을 불신하는 태도를 가리킵니다. 악한 세대는 하나님이 예수님을 보내셨음을 신뢰하지 못하기 때문에 표적을 요구합니다. 그들은 민족의 해방과 같은 강한 능력을 행사하는 메시아를 기다렸습니다.

그러나 예수님의 표적은 선지자 요나의 표적입니다. 요나가 3일 밤낮을 물고기 뱃속에 있었던 것처럼 예수님이 보여주실 표적은 죽고 3일 만에 부활하시는 것입니다. 예수님은 강함을 원하는 악한 세대에게 약함을 보여주실 것입니다. 요나의 표적은 심판의 경고에 니느웨 백성이 회개한 것도 포함합니다. 요나가 전한 말을 듣고 이방인들이 회개했다면 이스라엘 백성은 요나보다 크신 예수님의 경고에 당연히 회개로 반응해야 합니다. 스바 여왕은 이방인인데도 솔로몬(다윗의 아들)의 지혜를 듣기 위해 왔습니다. 솔로몬보다 더 크신 하나님의 아들이 왔는데도 이 세대는 관심을 두지 않습니다.

더러운 귀신이 어떤 사람에게서 나왔다가 다시 그 사람에게 들어갔습니다(44절). 그 사람의 안이 비어 있었기 때문입니다(45절). 귀신은 더 악한 다른 일곱 귀신들을 데리고 들어갑니다. 그는 이전보다 더 악한 상태가 되고 맙니다. 예수님이 귀신들을 쫓아내신 갈릴리는 일시적으로 청정 지대가 됩니다. 갈릴리 사람들이 예수님을 영접하지 않자 더 악한 귀신들이 청정 지대를 장악해버립니다. 구원의 현장에 있으면서도 예수님을 영접하지 않으면 인생은 이전보다 더 나쁘게 변할 수 있습니다.

예수님은 자기를 만나러 가족이 왔다는 말을 듣자 그의 참 가족은 하늘 아버지의 뜻을 추구하며 살아가는 공동체라고 규정하십니다(46-50절). 세상이 기대하는 표적이 아니라 예수님의 말씀에 반응하는 사람이 예수님의 참된 가족입니다.

생각과 삶 나누기

1.

요한은 예수님의 활동에 대해 어떤 의문을 제기했고 예수님은 그리스도의 일을 어떻게 설명하십니까(11:1-6)? 당시 사람들은 요한과 예수님에 대해 무엇을 기대하고 왜 배척했을까요? 우리가 예수님에게 기대하고 요구하는 것은 무엇일까요? 우리는 혹시 우리의 기대와 다르다고 생각하면서 예수 그리스도의 일을 배척하고 있지는 않나요?

2.

제자들은 하나님의 계시를 깨닫는 복을 받았습니다(11:20-25). 가버나움과 고라신의 사람들(11:16-24)과 비교해 보면 제자들은 어떤 점에서 어린 아이들입니까(11:25-27)? 예수님에게 가서 그를 배우는 사람들이 쉼을 얻게 되는 이유가 무엇일까요(11:28-30)? 우리는 어린 아이와 같은 마음으로 하나님의 뜻을 받아들이고 있나요? 아니면 가버나움처럼 교만하게 우리 자신의 뜻을 따라가고 있지 않은가요?

3.

안식일의 두 사건에 묘사된 예수님은 어떤 분입니까(12:1-16)? 예수님은 어떤 점에서 하나님의 종에게 맡겨진 소명을 성취하십니까(12:17-21; 사 42:1-4)? 지금 사회에서는 어떤 사람들이 상한 갈대와 같고 꺼져가는 심지와 같습니까? 이들은 어떻게 회복될 수 있을까요? 참된 안식일의 목적이 우리를 통해서 성취되고 있습니까? 안식일을 더 의미있게 보낼 방법에 대해서 이야기해봅시다.

4.

예수님은 사탄을 결박하고 사탄의 집에 갇힌 자들을 풀어주려고 오셨지만 사람들은 예수님의 활동을 어떻게 평가하고(12:22-37) 예수님에게 무엇을 요구합니까(12:38-50)? 우리 시대의 사람들은 얻기를 갈망하는 표적은 무엇입니까? 우리들에게 요나의 표적은 무슨 의미일까요?

질문 가이드

1.

요한은 그리스도의 일이을 악인들을 당장 심판하고 의인에게 복을 주는 이라고 이해했습니다. 예수님은 이사야 선지자가 예고한 회복 또는 희년(사 61장 등)이 그리스도를 통해 실현되고 있음을 강조하십니다. 당시 유대인들은 민족의 해방을 하나님 나라의 실현으로 이해했기 때문에 요한과 예수님에게 그런 소망을 이루어 줄 것을 기대했습니다. 우리 시대도 번영과 같이 물질주의에 근거한 소망을 기대함으로 복음을 오해하고 있습니다.

2.

제자들은 예수님의 말씀을 어린 아이처럼 받아들였습니다. 수고하고 무거운 짐을 진 사람들은 십자가에 달리기까지 낮아지는 겸손으로 섬기시는 예수님에게서 안식을 얻을 수 있습니다. 예수님의 가르침은 우리의 인생에 좋고 적합한 것이므로 불평과 원망의 마음이 쉼을 누릴 수 있습니다.

3.

안식일의 두 사건에서 예수님은 긍휼과 희생으로 곤궁에 처한 제자들과 한 손 마른 자를 회복하셨습니다. 예수님은 이사야 42장에 예고된 하나님의 종입니다. 종의 낮아짐을 통해 사람들은 회복되며, 이 회복은 열방의 소망입니다. 지금도 경쟁 사회에서 실패와 좌절로 넘어진 사람들은 예수님처럼 겸손하고 낮아지는 신자들의 삶을 통해 회복될 수 있습니다.

4.

사탄은 강함과 성공을 지향하는 욕망에 사람들을 가두어버립니다. 요나의 표적은 예수님의 십자가의 죽음과 부활을 상징합니다. 예수님의 죽음과 부활을 통해 우리는 하나님의 자녀가 되는 은혜를 얻습니다. 궁핍과 역경이 닥쳐오더라도 이 은혜로 충분히 견딜 수 있습니다. 욕망을 채우지 못한 것으로 비교하지 않고 예수님을 만난 것으로 감사하며 살 수 있습니다.

3장

하늘 나라의 비유

마태복음 13:1-52

1. 씨 뿌리는 자의 비유(13:1-23)

예수님은 하늘 나라의 비밀을 여러 가지 비유로 설명하십니다. 첫 번째는 네 가지 땅에 뿌려진 씨의 비유입니다(3하-9절). 어떤 씨는 밭두렁 옆에 떨어져서 새들이 와서 먹어버렸습니다. 어떤 씨는 흙이 많이 없는 돌투성이의 땅에 떨어졌고 즉시 싹이 돋았지만 해가 돋자 흙이 깊지 않아 뿌리가 없어 말라버렸습니다. 어떤 씨는 가시덤불의 토양에 떨어졌고 어느 정도 자랐으나 가시덤불에 영양분을 빼앗겨 열매를 맺지 못합니다. 씨 뿌리는 일은 귀한 씨가 허비되는 것 같습니다. 농사가 실패한 것처럼 보일 수 있습니다. 그러나 반전이 일어납니다. 좋은 토양이 있고 그곳에서는 기대 이상의 결실이 맺힙니다.

예수님은 하늘 나라의 비밀을 감추려고 오신 것이 아니라 드러내려고 오셨기 때문에 쉽게 이해할 수 있도록 비유를 즐겨 사용하셨습니다. 그러나 많은 사람들이 비유를 듣고는 깨닫지 못한 상태로 돌아가 버렸습니다(10-13절). 귀와 눈이 완악한 그들에게 비유는 그저 비유일 뿐이었습니다. 그들의 마음이 완악하고 귀와 눈의 기능이 작동하지 않기 때문입니다. 그들은 그나마 들었던 내용마저도 빼앗길 것입니다. 특히 마음이 "완악한" 상태는 마음이 비만의 상태, 무디어진 것을 뜻합니다(15절; 신 32:15). 그 모습은 과거 그들의 조상들이 귀와 눈을 닫아 하나님이 비유로 말씀하셔도 경고로 받아들이지 않은 것과 같습니다(14-15절; 사 6:9-10). 예수님이 14-15절에서 인용하신 이사야 6장 9-10절은 청각, 시각, 마음의 기능이 마비된 이스라엘의 상태를 보여줍니다. 자신들이 숭배한 황금 송아지처럼 듣지 못하고 보지 못합니다. 우상과 같은 다른 무엇에 마음을 빼앗기면 말씀에 감각

이 없어집니다. 이처럼 비유는 하늘 나라의 비밀을 드러내는 동시에 예수님에 대한 무관심을 입증하는 도구가 됩니다. 제자들은 비유를 신중하게 들었기 때문에 선지자들과 의인들이 듣고 보고 싶어 했던 것을 깨닫는 복을 받았습니다(16-17절). 믿음은 더 많은 지혜로 인도하지만, 불신앙은 더 많은 무지로 인도합니다.

씨 뿌리는 자의 비유는 다음과 같은 의미를 담고 있습니다(18-23절). 하늘 나라의 백성은 왜 많은 사람들이 하늘 나라 복음에 반응하지 않는지 알아야 하므로 예수님은 "씨 뿌리는 자의 비유를 들어라"라고 하십니다. 씨를 뿌리는 것은 예수님의 사역을 의미합니다. 세상에는 크게 두 종류의 땅이 있습니다. 말씀을 들었으나 깨닫지 못해 열매 맺지 못하는 땅(밭두렁, 돌투성이, 가시덤불)과, 깨닫고 열매 맺는 땅이 있습니다. 하늘 나라가 왔다고 해서 모두 긍정적으로 반응하지 않습니다. 제자들은 하늘 나라의 열매가 맺히지 않더라도 좌절하지 말아야 합니다. 하늘 나라의 사역은 시간과 물질의 낭비나 실패처럼 보일 수 있습니다. 그러나 하늘 나라는 좋은 땅을 통해서 좋은 결실을 맺고 있습니다.

2. 자라는 하늘 나라의 비유(13:24-43)

예수님은 가라지의 비유(24-30절), 겨자씨의 비유(31-32절), 누룩의 비유(33절)를 들려주십니다. 하늘 나라는 좋은 씨를 밭에 뿌린 사람의 경험과 같습니다. 원수가 사람들이 자는 동안 가라지를 곡식 속에 덧뿌렸습니다. 일꾼들은 어느 날 가라지가 함께 자라는 광경을 보고 주인에게 말합니다. 주인은 가라지를 뽑다가 곡식까지 뽑을 위험이 있으므로 추수 때까지 그대로 두라고 합니다.

하늘 나라는 겨자씨 한 알과 같이 시작했습니다(31절). 겨자씨는 가장 작은 씨 중의 하나이지만 나무처럼 자라서 새들이 둥지를 틉니다(32절). 하늘 나라는 성공과 승리를 꿈꾸는 사람들이 터전으로 삼는 나라가 아닙니다. 하늘 나라는 겸손하고 보잘 것 없이 시작했으나 미래에는 비교할 수 없는 규모가 됩니다. 겨자씨처럼 누룩도 처음에는 그 존재가 식별되지 않을 정도로 작습니다. 여기서 누룩의 숨겨진 특징이 중요합니다. 예수님께서 가져 오신 하늘 나라는 눈에 띄지 않게 겸손하게 시작했습니다. 하늘 나라는 땅의 소금처럼 비밀스럽게 세상을 변화시킵니다. 시작이 겸손했던 것처럼 성장 과정도 겸손합니다. 이 땅에 임한 하늘 나라는 힘과 부를 자랑하며 자라는 나라가 아니라 겸손과 섬김과 긍휼로 사람들을 회복하면서 확장하는 나라입니다. 두 비유는 하늘 나라의 성장하는 속성을 드러냄으로써 하늘 나라의 일꾼들이 소망과 확신을 갖도록 도와줍니다.

35절은 시편 78:2의 인용으로, 왜 예수님이 비유를 많이 전하셨는지 설명합니다. "나는 내 입을 열어서 비유로 말할 터인데, 창세 이래로 숨겨 둔 것을 털어놓을 것이다"(13:35, 새번역). 예수님은 가라지의 비유를 해설하십니다(36-43절). 씨 뿌리는 자의 비유가 땅의 문제를 지적한다면 가라지의 비유는 열매를 맺지 못하게 하는 사탄의 활동을 강조합니다. 복음의 일꾼들은 사람들의 마음뿐 아니라 사탄의 방해가 열매를 맺지 못하게 하는 원인이라는 사실을 기억해야 합니다. 역사의 끝에 천사들이 심판을 집행하기 전까지 악인들이 하나님의 백성인 의인들과 세상에 공존합니다. 최후 심판의 때에 예수님은 그의 천사들을 보내서 악인들을 심판하실 것입니다. 의인들은 아버지의 나라에서 해처럼 빛나게 될 것입니다. 거룩한 공동체에도 불법을 행하는 자들이 있습니다. 제자들은 하늘 나라가 활동하는 동안 사탄도 활동하는 사실을 기억해야 합니다. 의인들이 활동하는 동안 악인들도 활동합니다. 사탄이 악한 사람들을 하나님의 자녀들 가운데 섞어 놓는다고 할지라도, 겸손과 섬김과 긍휼로 자라는 나라를 이길 수는 없습니다.

3. 하늘 나라의 가치를 알려주는 비유(13:44-52)

보화 비유(44절)와 진주 장수 비유(45-46절)는 하늘 나라의 가치를 설명합니다. 하늘 나라는 최고의 가치입니다. 그 나라를 만난 사람은 결정 해야 합니다. 보화와 진주를 위해 모든 것을 팔았다는 것은 하늘 나라를 선택하는 결정에 희생이 따른다는 사실을 암시합니다. 이런 결심을 해야 하는 이유는 하늘 나라의 가치 때문입니다. 하늘 나라는 우리가 추구하고 소유하고 있는 어떤 가치보다 귀합니다. 그 최고의 가치를 선택하는 결정에는 희생이 따릅니다. 예수님이 가지고 오신 하늘 나라는 모든 비용을 지불해서라도 얻을 가치가 있는 보화입니다. 두 비유는 예기치 않은 상태에서 찾은 기쁨(44절)과 일생을 찾다가 발견한 기쁨(45-46절)을 묘사하는 점에서 차이를 보입니다.

또한 하늘 나라는 바다에 던져져 온갖 종류를 잡은 그물과 같습니다 (47-50절). 안타깝게도 세상의 끝에 있을 최종 분리까지 교회에는 의인들과 악인들이 혼재합니다. 선한 열매로 신분을 입증하지 못하는 사람들은 분리를 경험할 것입니다.

예수님은 하늘 나라를 위해 제자 된 서기관을 자기 보고에서 새 것과 옛 것, 구약과 신약을 꺼내는 집 주인에 빗대어 설명하십니다(51-52 절). 제자들은 초림과 재림 사이에 예수님처럼 씨를 뿌리는 역할을 맡았습니다. 제자들의 역할은 자신들의 창조적 이해에 근거해서 새로운 것을 가르치는 사람이 아니라 성경의 보화를 보존하고 설명하는 것입니다.

생각과 삶 나누기

1.

네 종류의 땅 중에서 열매를 맺지 못하는 땅과 열매를 맺는 땅의 이야기는 하늘 나라의 사역에 나타나는 특징을 어떻게 설명합니까(13:1-23)? 하나님을 위한 헌신이 낭비처럼 보일 때는 어떤 생각을 해야 할까요? 하늘 나라의 열매가 지금 당장 좋지 않은 결실을 맺는 것 같이 보일 때 우리들은 어떤 교훈을 가질 수 있습니까?

2.

겨자씨와 누룩의 비유는 하늘 나라의 어떤 특징을 알립니까(13:24-30)? 가라지의 비유는 하늘 나라의 성장과 관련해 어떤 교훈을 전합니까(13:36-43)? 겨자씨와 누룩의 비유, 가라지의 비유는 하나님의 일을 하는 사람들에게 어떤 통찰력을 제공할까요? 하늘 나라는 아주 미미한 시작이지만 큰 결실을 가져옵니다. 우리는 결실이 보이지 않는 상황에서 어떤 마음가짐을 가질 수 있을까요?

3.

보화의 비유와 진주 장수의 비유는 하늘 나라의 가치를 어떻게 설명합니까(13:44-46)? 그물의 비유(13:47-50)는 무엇을 경고합니까? 제자 된 서기관은 어떤 사명을 맡습니까(13:51-52)? 이 시대의 사람들은 무엇을 최고의 가치로 생각할까요? 우리들에게 하늘 나라는 어떤 가치인가요? 우리가 하늘 나라보다 더 중요하다고 착각하는 가치에는 무엇이 있을까요? 어떻게 잘못된 가치관을 고쳐 나갈 수 있을까요?

질문 가이드

1.

예수님의 하늘 나라 사역에 동참해 온 제자들은 자신들의 수고가 결실로 나타나지 않는 것 같아 회의감을 갖거나 낙심할 수도 있습니다. 씨 뿌리는 자의 비유는 하늘 나라가 말씀을 듣고 순종하는 마음을 통해 좋은 결실을 맺고 있음을 강조합니다. 사역자들의 수고는 헛되이 사라지지 않습니다. 말씀에 순종하는 정도에 따라 결실도 달라집니다.

2.

겨자씨와 누룩의 비유는 하늘 나라가 멈추지 않고 성장하는 속성을 드러냅니다. 사탄이 하늘 나라의 성장을 방해해도 그 나라는 성장합니다. 예수님은 성공 지상주의를 거부하십니다. 우리는 하늘 나라의 복음이 예수님의 눈으로 작고 겸손하게 확장되는 현상을 볼 수 있어야 합니다.

3.

인생에서 최고의 가치는 하늘 나라입니다. 하늘 나라의 백성은 하늘에 계시는 아버지의 자녀이고 하나님의 아들이신 예수님을 만난 사람들입니다. 우리는 지금 예수님과의 사귐을 누리는 것으로 기뻐해야 하며, 주님이 오실 때까지 성경에 담긴 복음을 전하는 일에 힘써야 합니다.

4.

우리를 변호하기 위해 예수님께서 지금도 하나님 보좌 우편에서 간구하고 계십니다. 이 일을 위해 그리스도께서는 죽으시고 부활하시고 하나님 보좌 우편으로 높아지셨습니다. 영적인 존재, 죽음과 삶, 그리고 온 우주, 그 어느 것도 우리를 향한 하나님의 사랑을 넘어설 수 없습니다.